Bernd Hofrichter, Bruno Kuffer, Alois Mayer, Karl Spreng

Fächerübergreifende Unterrichtsbeispiele 7. Schuljahr

R. Oldenbourg Verlag München

PRÖGEL PRAXIS: UNTERRICHTSMATERIAL 47

Die Deutsche Bibliothek – CIP-Einheitsaufnahme

Fächerübergreifende Unterrichtsbeispiele :
Geschichte/Sozialkunde/Erdkunde, Physik/Chemie/Biologie. –
München : Oldenbourg.
Schuljahr 7. Bernd Hofrichter ... – 1. Aufl. – 1997
  (Prögel-Praxis : Unterrichtsmaterial ; 47)
  ISBN 3-486-98730-5
NE: Prögel-Praxis /Unterrichtsmaterial

© 1997 R. Oldenbourg Verlag GmbH, München

Das Werk und seine Teile sind urheberrechtlich geschützt. Jede Verwendung in anderen als den gesetzlich
zugelassenen Fällen bedarf deshalb der vorherigen schriftlichen Einwilligung des Verlages.

1. Auflage   01   00   99   98   97

Die in diesem Buch verwendete Schreibung und Zeichensetzung
entspricht der neuen Regelung nach der Rechtschreibreform.

Trotz entsprechender Bemühungen ist es nicht in allen Fällen gelungen, den
Rechtsinhaber einiger Quellen ausfindig zu machen. Gegen Nachweis der Rechte
zahlt der Verlag für die Abdruckerlaubnis die gesetzlich geschuldete Vergütung.

Lektorat: Stefanie Fischer
Moderation: Bruno Stieren
Herstellung: Fredi Grosser
Illustrationen: Jörg Greif
Umschlagfoto: Pressefoto Michael Seifert, Hannover
Umschlagkonzeption: Mendell & Oberer, München
Satz, Druck und Bindung: Greipel Offset, Haag i. OB

ISBN 3-486-**98730**-5

Inhaltsverzeichnis

Vorwort

Geschichte/Sozialkunde/Erdkunde

Europäisierung der Welt
Kolumbus veränderte die Welt 4
Das Inkareich - eine Hochkultur und ihr Ende .. 6

Das konfessionelle Zeitalter
Die Erneuerung der katholischen Kirche
(Gegenreformation) 8

Absolutismus
Wie Ludwig XIV. herrschte 10
Barock als Kunst- und Lebensstil 12

Menschenrechte für alle
Die Menschenrechte werden formuliert 14
Amnesty International (ai) setzt sich ein 16

Jugendliche und das Recht
Wann spricht man von einer Straftat? 18
„Für mich hat das keine Folgen!" (Fallbeispiel) .. 20

Alte Menschen
Alte Menschen in unserer Gesellschaft 22

Deutschland im 19. Jahrhundert
Die Industrialisierung veränderte die Arbeits-
und Lebensverhältnisse 24
Was zur Lösung der sozialen Frage
getan wurde 26

Deutschland – ein Teil Europas
Tourismus verbindet die Menschen in Europa ... 28

Physik/Chemie/Biologie

Luft - Lebensgrundlage und Lebensraum
Luft - ein besonders wichtiges Gas 31
Atmungswege und Atmungsorgane des
Menschen 33
Die Photosynthese 35
Blut - ein komplizierter Stoff 37

Luft - Voraussetzung für Vorgänge in der unbelebten Natur
Verbrennung - die Bedeutung des Feuers für
den Menschen 39
Voraussetzungen für die Verbrennung 41
Verbrennung ist nicht nur Feuer 43
Brandbekämpfung und Brandschutz 45

Umgang mit Elektrizität
Erfahrungen mit Elektrizität 47
Elektrische Spannung I und II 49
Wirkungen des elektrischen Stroms I und II 52
Elektrischer Widerstand I 56
Elektrischer Widerstand II 58

Grundlagen der Mechanik
Kräfte 60
Mechanische Arbeit I und II 62

Vorwort

Liebe Kolleginnen und Kollegen,

die Sachfächer wecken und fördern die Interessen der Schülerinnen und Schüler an Phänomenen und Sachverhalten, geben ihnen Hilfen zur Orientierung und wollen die Bereitschaft wecken, Mitverantwortung für die Gestaltung dieser Welt zu tragen. Die Schülerinnen und Schüler erwerben ein gesichertes Grundwissen und erlernen einfache fachliche Arbeitstechniken. Die Vielfalt der Lerninhalte und Aufgaben verlangt und erlaubt methodische Vielseitigkeit.

Der Erfolg des Unterrichts hängt wesentlich davon ab, inwieweit es uns Lehrerinnen und Lehrern gelingt, neu erworbene Kenntnisse und Erkenntnisse in den größeren Zusammenhang zu stellen, denn unverbundenes Wissen ist nutzlos. Die Einzelfächer des Sachunterrichts sind in dieser Arbeitsmappe deshalb gebündelt zu einem naturwissenschaftlichen und zu einem gesellschaftswissenschaftlichen Fächerverbund.

Der Sachunterricht wird fachübergreifend erteilt. Querverbindungen zwischen den Fächern, hier so angedeutet **Biologie →**, sind immer zu nutzen, wenn sie sich von der Sache her anbieten. Manche Beiträge sind jedoch von vornherein so stark fächerverbindend, dass kein Hinweispfeil extra auftaucht.

Der Unterricht wendet sich an den Hauptschüler in seiner Ganzheit. Formen des ganzheitlichen Lernens, des Denkens und Arbeitens in Zusammenhängen, des offenen und projektorientierten Lernens ermöglichen es besonders nachhaltig, in der Auseinandersetzung mit den Lernaufgaben die Zusammenhänge zu sehen und das Erarbeitete und Gelernte zu vernetzen. Sie sind aber auch eine hervorragende Möglichkeit einen lebensnahen, problemorientierten, von Schülerinteressen geleiteten Unterricht zu verwirklichen.

Wir Autoren wünschen dabei viel Freude und Erfolg.

Kolumbus veränderte die Welt

Lernziele: In der Weltgeschichte war 1492 ein Wendejahr - Seit dem 16. Jahrhundert ist Lateinamerika von Europa abhängig (Gründe und Auswirkungen bis heute).
Materialien: Lexikon, Weltkarten, Geschichtsbuch, Zeitleiste, Bilder zum Thema, Arbeitsblatt 1.
Lernsequenz: Vom alten zum neuen Weltbild – Europäer suchen den Seeweg nach Indien – Kolumbus entdeckt Amerika und verändert damit die Welt – Lateinamerika und seine Abhängigkeit von Europa.

Unterrichtsgestaltung:

Das Arbeitsblatt kann begleitend eingesetzt werden.

Einstieg:

Aufgabe 1
Vorwissen aktivieren, Hypothesen bilden, offene Diskussion mit Lehrerimpulsen.

Erarbeitung:

- Aufgabe 2 (in Allein- oder Partnerarbeit) mit Auswertung der Ergebnisse
- Zusammenfassung mit Aufgabe 3
- Aufgabe 4: Lehrererzählung und Schülerbucheinsatz für Informationen dringend erforderlich; dann Reflexion der Problematik; schließlich Fixierung der Ergebnisse.

Ausklang:

Rückgriff auf Einstieg durch Arbeitsaufgabe 5.

> **Mögliche Ergebnisse AB/Aufgabe 4:**
> *Zerstörung der alten Kulturen, Ausrottung und Unterdrückung der Urbevölkerung bis zur Versklavung, Unterwerfung, Verlust der Unabhängigkeit, Ausbeutung der Kolonien, Zwangsarbeit, Einschleppen von Krankheiten, gewaltsame Ausbreitung des christlichen Glaubens, Entwicklungsländer bis heute.*

Name:	Datum:	Arbeitsblatt 1

Kolumbus veränderte die Welt

1. In Europa wurde das Jahr 1992 als „Kolumbusjahr" gefeiert. Nicht überall auf der Welt gab es dafür Zustimmung. Warum wohl?
2. Lies in einem Lexikon und im Geschichtsbuch über **Christoph Kolumbus** und **Amerigo Vespucci** nach und trage das Wichtigste in Stichwörtern hier ein:

Foto: Archiv für Kunst und Geschichte, Berlin

Foto: Archiv für Kunst und Geschichte, Berlin

3. Kolumbus war zur Erkenntnis der wahren Bedeutung seiner Entdeckungen nie gekommen. In dem Glauben, den Westweg nach Indien entdeckt zu haben, ist er gestorben. Betrachte dazu eine Weltkarte. Stimmt die Überschrift dieses Arbeitsblattes?

4. Im 16. Jahrhundert unterwarfen spanische und auch portugiesische Eroberer den größten Teil Lateinamerikas mit den indianischen Kulturen und machten ihn von Europa abhängig. Was waren die Folgen bis heute?

5. Kannst du jetzt die Aufgabe 1 noch besser verstehen? Schreibe deine Meinung auf einem gesonderten Blatt auf.

Das Inkareich - eine Hochkultur und ihr Ende

Lernziele: Geografische Kenntnisse vom Inkareich - Erkennen und Hochschätzen von Kulturleistungen der Inkas - Erfahren und Beurteilen der Eroberung und der damit verbundenen Zerstörung „der Originalkultur" - Erkennen von Motiven der europäischen Eroberer.
Materialien: Bilder zum Thema, z. B. aus „Erlebnis Geschichte" B 7, S. 10 – 13, Oldenbourg Verlag, eventuell Tonträger mit peruanischer Folkloremusik, Arbeitsblatt 2.
Lernsequenz: Lateinamerika damals - eine südamerikanische Hochkultur vor der Ankunft der Europäer - Zusammentreffen der Kulturen der Eroberer und der Ureinwohner.

Unterrichtsgestaltung:

Motivation/Einstimmung:

Bild von Indios in typischer Bekleidung und/oder Tonträger mit peruanischer Folkloremusik oder Kontrast: Bild des Inkas in einer Sänfte getragen und Bild eines gedemütigten, misshandelten Inkasklaven oder Hochkultur der Inkas – Armut und Elend in einem Slum in Lima heute.

Problemfindung/Problemformulierung:

z. B. das Inkareich - eine Hochkultur und ihr Ende
oder
Wie kam es zur Versklavung der Inkas?

Stoffliche Erarbeitung:

- **Erdkunde →** Lage und Größe des Inkareiches
- Die Macht des Inka
  - Hinweis auf Doppelbedeutung des Begriffs (Herrscher aber auch Einwohner des Reiches)
  - Verehrung als Sohn des Sonnengottes
  - Herrscher über 6 Mio. Untertanen von der Hauptstadt Cuzco aus

Nicht im AB festgehalten:
- „Kronrat" oder „oberster Rat" bestehend aus 4 nahen Verwandten des Inka
- Begriff Zentralverwaltung
- Beamte und Soldaten als Befehlsempfänger und ausführende Gewalt im ganzen Reich

- Die Kulturleistungen
  Erarbeiten bedeutender Kulturleistungen anhand von Bildern und Schulbuchtexten (siehe AB)
- Die Zerstörung von Reich und Kultur
  Pizarro erobert 1532 im Auftrag Spaniens das Inkareich (siehe AB)
- Motive der Europäer
  Aus den Beispielen im Arbeitsblatt lassen sich die Motive Habgier und (vergeblicher) missionarischer Eifer ableiten. Hinzu kam, dass „Heiden" von den Eroberern nicht als vollwertige Menschen betrachtet wurden. Ebenso wird das Desinteresse an Kultur deutlich (Einschmelzen von Kunstgegenständen).

Weiterarbeit/Folgerungen für uns

Wertung: Die heutige Situation von Peru darstellen – eventuell Folie mit ausgewählten Daten zur Infrastruktur
- Geschichtlichen Zusammenhang herstellen lassen bzw. dazu anregen
- **Sozialkunde →** Konsequenzen für die reichen europäischen Länder: Entwicklungshilfe nicht als Mildtätigkeit, sondern als geschichtliche Verpflichtung.

Lösung des Arbeitsblattes von Seite 7

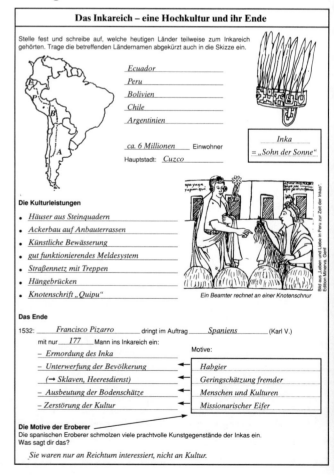

Name: _____ Datum: _____ | Arbeitsblatt **2**

Das Inkareich – eine Hochkultur und ihr Ende

Stelle fest und schreibe auf, welche heutigen Länder teilweise zum Inkareich gehörten. Trage die betreffenden Ländernamen abgekürzt auch in die Skizze ein.

_____
_____
_____
_____

_____ Einwohner

Hauptstadt: _____

Die Kulturleistungen

- _____
- _____
- _____
- _____
- _____
- _____

Ein Beamter rechnet an einer Knotenschnur

Bild aus „Leben und Liebe in Peru zur Zeit der Inkas". Edition Minerva, Genf

Das Ende

1532: _____ dringt im Auftrag _____ (Karl V.)

mit nur _____ Mann ins Inkareich ein:

_____
_____
_____
_____
_____

Motive:
← ....
← ....
← ....
← ....

Die Motive der Eroberer

Die spanischen Eroberer schmolzen viele prachtvolle Kunstgegenstände der Inkas ein. Was sagt dir das?

_____

Die Erneuerung der katholischen Kirche (Gegenreformation)

Lernziele: Die Auswirkungen der Reformation nochmals bewusst machen – Erfahren und verstehen, dass das Konzil von Trient (1545 – 1563) die Erneuerung der katholischen Kirche anstrebte – Wissen, wie der Jesuitenorden für die Erneuerung der Kirche in Deutschland und Mitteleuropa arbeitete und viele Gebiete dem katholischen Glauben zurückgewann.

Materialien: Schülerlexika, Geschichtsbücher, Atlanten, historische Wandkarte von Mitteleuropa, evtl. Bilder von Luther, Ignatius von Loyola und vom Konzil von Trient, Arbeitsblatt 3.

Lernsequenz: Martin Luthers Kritik an kirchlichen Missständen – Glaubens- und Kirchenspaltung – Auswirkungen der Reformation in Deutschland und Europa.

Unterrichtsgestaltung:

Wiederholung:

Arbeitsteilige Partnerarbeiten:
a) Welche Missstände veranlassten Luther, die 95 Thesen zu veröffentlichen? Welche Reaktion zeigten Papst und Kaiser?
b) Nennt Gründe für die Ausbreitung der Reformation!
c) Schreibt die Bestimmungen und Auswirkungen des Augsburger Religionsfriedens auf!

Einstieg:

Geschichtskarte von Mitteleuropa um 1550:
Betrachten des Verhältnisses von katholischen und protestantischen Gebieten. Der Protestantismus breitete sich immer mehr aus. Kritische Stimmen der Katholiken riefen deshalb nach einem Konzil.

Erarbeitung:

1. Teilziel:
Das Konzil von Trient (1545 – 1563)
(Lehrererzählung, Bearbeiten der Arbeitsaufträge auf dem AB)

2. Teilziel:
Der Jesuitenorden (Gründer: Ignatius von Loyola), sorgte für eine Erneuerung des religiösen Lebens indem er die Konzilsbeschlüsse durchführte. Unterstützt wurde dieses Vorhaben auch von den Reformpäpsten und den katholischen Fürsten (letztere hatten auch politische Gründe)
(Lehrererzählung, Nachlesen, Bearbeiten der Arbeitsaufträge auf dem AB)

3. Teilziel:
Gegenüberstellung Reformation – Gegenreformation (Gespräch der Klasse, Tafelarbeit)

Zusammenfassung und Ausweitung:

Von 1550 an wurde Bayern das führende katholische Land im deutschen Reich.

Erdkunde ⟶ In welchen Städten haben die Jesuiten besonders gewirkt? (Kartenarbeit, Unterrichtsgespräch).

Lösung des Arbeitsblattes von Seite 9

Die Erneuerung der katholischen Kirche (Gegenreformation)

1. Papst Paull III berief 1545 das Konzil zu Trient ein.
   Erkläre den Begriff „Konzil"!
   Versammlung kirchlicher Würdenträger zu Lehräußerungen und zur Fassung bedeutender Beschlüsse.

2. Welche Reformen wurden auf dem Konzil zu Trient beschlossen?
   Schreibe in Stichwörtern!
   Quelle der Glaubenswahrheiten ist nicht allein die hl. Schrift, sondern auch die Überlieferung der Kirche. Verbot, die hl. Schrift nach Gutdünken auszulegen.
   Es gibt 7 Sakramente. Glaube, gute Werke und Teilnahme an den Sakramenten tragen zur Erlösung bei. Unterbindung des Ablasshandels.
   Die Lebensführung der Geistlichen muss dem Evangelium entsprechen.

3. Vergleiche die Reformen mit den von Luther aufgezeigten Missständen der Kirche.
   Was stellst du fest?
   Teilweise entsprachen die Reformen den Forderungen Luthers,
   z. B. Verurteilung des Ablasshandels

4. Lies in einem Lexikon über Ignatius von Loyola und halte auf einem gesonderten Blatt die wichtigsten Daten fest!

Foto: Archiv für Kunst und Geschichte, Berlin

5. Nenne die Schwerpunkte im Wirken der Jesuiten!
   Predigen
   Beichte hören
   Erziehen
   Missionieren

6. Jesuiten waren die Erzieher von Prinzen und Beichtväter von Fürsten.
   Diskutiert in der Klasse, welche Bedeutung dies für das politische Leben hatte!

Name:	Datum:	Arbeitsblatt 3

Die Erneuerung der katholischen Kirche (Gegenreformation)

1. Papst Paull III berief 1545 das Konzil zu Trient ein.
   Erkläre den Begriff „Konzil"!

2. Welche Reformen wurden auf dem Konzil zu Trient beschlossen?
   Schreibe in Stichwörtern!

3. Vergleiche die Reformen mit den von Luther aufgezeigten Missständen der Kirche.
   Was stellst du fest?

4. Lies in einem Lexikon über Ignatius von Loyola und halte auf einem gesonderten Blatt die wichtigsten Daten fest!

5. Nenne die Schwerpunkte im Wirken der Jesuiten!

Foto: Archiv für Kunst und Geschichte, Berlin

6. Jesuiten waren die Erzieher von Prinzen und Beichtväter von Fürsten.
   Diskutiert in der Klasse, welche Bedeutung dies für das politische Leben hatte!

Wie König Ludwig XIV. herrschte

Lernziele: Wissen um die Machtbefugnis eines absolutistischen Herrschers und womit sie begründet war.
Materialien: Bilder vom König, Geschichtsatlas, Geschichtsbuch, Wandkarte (politisch), Grundgesetz, Arbeitsblatt 4, Folie davon.
Lernsequenz: Prunk und Pracht am Hofe König Ludwigs XIV. von Frankreich – Wie König Ludwig XIV. herrschte – Worauf stützte der König seine Macht?

Unterrichtsgestaltung:

Einstieg:
Bild Ludwigs XIV. - Pfeil zum Sonnensymbol auf Folie → Schüleräußerungen.

Vergegenwärtigung:

1. Teilziel:
Aussagen des Königs und Folgerungen daraus
- Die Sonne als Abbild des Königs
  • Rückgriff auf Ausgangssituation / Grund für diesen Vergleich?
- Gleichsetzung seiner Person mit dem französischen Staat
  • Bedeutung und besondere Tragweite dieser Aussage für die Untertanen
- Begründung des Herrschaftsanspruchs durch die Gnade Gottes
  • direkt von Gott eingesetzt
  • König kommt gleich nach Gott und ist nur Gott verantwortlich

2. Teilziel:
Begriff „Absolutismus" / absolutistisch
- Folgen, die sich für den König aus seinem unumschränkten Herrschaftsanspruch ergaben
  • Konkrete Auswirkungen aufzählen

Nicht im AB festgehalten:
Worauf stützte der König seine Macht? (Adel, Berufsbeamtentum, stehendes Heer, Steuern, Merkantilismus)

3. Teilziel:
Nachahmung dieser Herrschaftsform in anderen europäischen Staaten
  • Schloss Versailles als Vorbild für Schlossbauten in anderen Ländern

4. Teilziel: **Sozialkunde** →
Absolutistisch-diktatorische Herrscher unserer Zeit
  • Welche Herrscher sind gemeint?
  • Was kennzeichnet sie?

Wertung: **Sozialkunde** →
Vergleich: Leben im Absolutismus / in einer Diktatur - Leben in einer Demokratie

Sicherung:
Was für ein - besonderer - Herrscher war König Ludwig XIV.? (Kurze schriftliche Darstellung)

Lösung des Arbeitsblattes von Seite 11

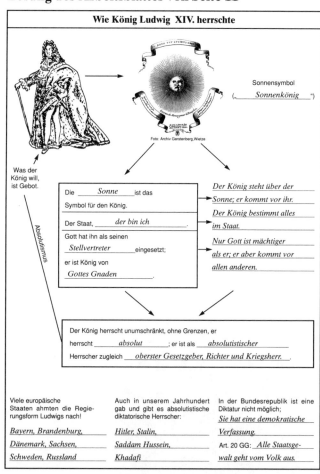

| Name: | Datum: | Arbeitsblatt **4** |

Wie König Ludwig XIV. herrschte

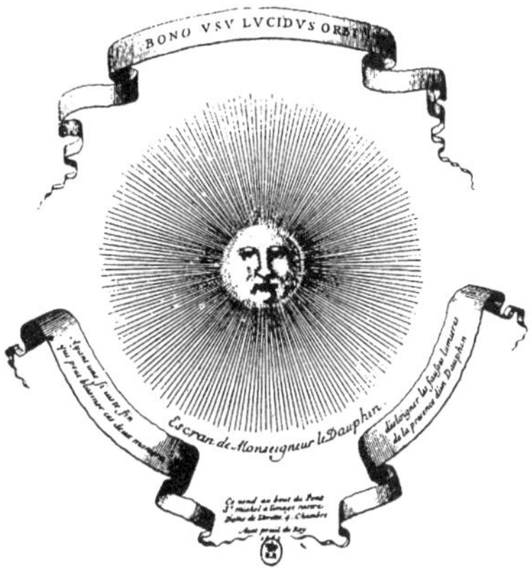

Sonnensymbol

(„_____")

Foto: Archiv Gerstenberg, Wietze

Was der König will, ist Gebot.

Absolutismus

Die _____ ist das Symbol für den König.

Der Staat, _____.

Gott hat ihn als seinen _____ eingesetzt; er ist König von _____.

Der König herrscht unumschränkt, ohne Grenzen, er herrscht _____; er ist als _____ Herrscher zugleich _____.

Viele europäische Staaten ahmten die Regierungsform Ludwigs nach!

_____
_____
_____

Auch in unserem Jahrhundert gab und gibt es absolutistische diktatorische Herrscher:

_____
_____
_____

In der Bundesrepublik ist eine Diktatur nicht möglich;

_____

Art. 20 GG: _____

_____

Barock als Kunst- und Lebensstil

Lernziele: Überblick über Baukunst und Malerei sowie die Musik der Barockzeit gewinnen - Die Lebensverhältnisse dieser Zeit kennen lernen.
Materialien: Geschichtsatlas, Geschichtsbuch, Schülerlexikon, Bildbände oder audiovisuelle Medien, evtl. Plakate, Veranstaltungshinweise, touristische Anzeigen, Arbeitsblatt 5.
Lernsequenz: Der absolutistische Staat
Barock – die künstlerische Ausdrucksform des Absolutismus.

Unterrichtsgestaltung:

Gegenüberstellung von einem Bild aus dem Dreißigjährigen Krieg (zerstörte Häuser!) und einer Abbildung, die die neue Art zu bauen zeigt.

Erarbeitung:

Bucheinsatz, Schülerlexikon, Lehrererzählung, Unterrichtsgespräche.

1. Teilziel:
Der neue Baustil
barocco = unregelmäßige, schiefrunde Perle
Die Barockkunst versucht das Überirdische sichtbar zu machen. Das Oval wurde zur vorherrschenden Raumform. Der Barockstil ist ein Spiel von Formen, Farbe und Fülle des Lichtes. Alles ist in Bewegung. Decken und Wände sind mit pastellfarbenen Fresken, Stuckformen, Muschelformen, Blätter- und Blumenornamenten verziert. Bögen, Kapitelle und Stuckornamente beherrschen den Raum und Putten spielen an Altären, um die Kanzel und um Emporen. Der Hochaltar in den Kirchen bildet eine heilige Schaubühne.
Der Barock hat seinen Ursprung in Italien. Die ersten barocken Kirchenbauten im deutschsprachigen Raum sind der Dom zu Salzburg und die Theatinerkirche in München, beide noch das Werk italienischer Baumeister.
Johann Dientzenhofer: Dom zu Fulda, Schloss Pommersfelden, Klosterkirche in Banz. Johann Balthasar Neumann: Wallfahrtskirche Vierzehnheiligen, Klosterkirche Neresheim, Residenz von Würzburg, Festungswerke, Brücken, Bürgerhäuser.
Dominikus und Johann Baptist Zimmermann (Stukkateure und Freskenmaler): „Wieskirche"
Gebrüder Asam: Klosterkirchen in Rohr, Weingarten, Aldersbach, Osterhofen, Dom zu Freising, St. Nepomuk in München. Johann Michael Fischer: Kirchen in Dießen, Ottobeuren und Rott. Weitere Barockbauten: Schleißheim, Nymphenburg, Schloss in Karlsruhe, Amorbach.

2. Teilziel:
Musik in der Barockzeit

Aufgabe der Barockmusik: Barocksäle und -kirchen mit ihrem eigenen festlichen Gepräge erfüllen, das Hofleben fröhlicher und beschwingter zu gestalten.
Christoph Willibald Gluck ist der Schöpfer der modernen Oper. Georg Friedrich Händel wirkte als Hofkapellmeister in Hannover und Hofkomponist in London. Johann Sebastian Bach schuf Choräle, Kantaten, Passionen, Oratorien und Messen.

3. Teilziel:
Leben im Barock
Das Leben im Barock ist gekennzeichnet durch den Luxus und den Prunk an den Höfen. Es hat in der bürgerlichen Welt seinen Ausdruck in den festen gediegenen Häusern mit hohem, geschwungenem Giebel gefunden. Hier konnte das bürgerliche Leben sich frei und häuslich bewegen. Der bescheidene Wohlstand bei manchen Bauern zeigte sich in den herrlich bemalten Truhen und Schränken. Kirchen und Kapellen waren Zeichen der Frömmigkeit und der Sinnesfreude, die über die bittere Not des Diesseits hinweghelfen sollten. Eine große Rolle im religiösen Leben spielte die Wallfahrt, wobei die Votivtafeln originell, kindlich und ausdrucksstark von den Sorgen der einfachen Leute berichten.

Zusammenfassung:

Einsatz des AB

> **Eintrag AB:**
> *1. Fresko - Putte - Stuck - Oval - Kapitell*
> *2. Schöpfer der modernen Oper - Georg Friedrich Händel - Choräle, Kantaten, Oratorien, Messen*
> *3. Absolutismus, Luxus und Prunk - Wohlstand, feste, gediegene Häuser mit geschwungenem Giebel - bemalte Schränke und Truhen - Barockkirchen und -kapellen, Wallfahrten, Votivtafeln*

Ausweitung:

- Besichtigung eines Barockbauwerkes in der Umgebung
- Ausstellung von Innenansichten barocker Bauwerke.

| Name: | Datum: | Arbeitsblatt 5 |

Barock als Kunst- und Lebensstil

1. Der neue Baustil

Ordne richtig zu: Oval, Fresko, Kapitell, Stuck, Putte

   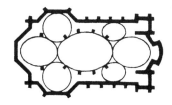 

Suche auf der Karte und trage die Nummern in die Karte ein:
1. Schloss Pommersfelden, 2. Klosterkirche in Banz, 3. Wallfahrtskirche Vierzehnheiligen, 4. Residenz von Würzburg, 5. Wieskirche, 6. Klosterkirche in Weltenburg, 7. Schloss Nymphenburg, 8. Klosterkirche Dießen, 9. Klosterkirche Amorbach

2. Musik in der Barockzeit: Was weißt du darüber?

Christoph Willibald Gluck _____

Hofkomponist in London _____

Johann Sebastian Bach _____

Foto: Archiv Gerstenberg, Wietze

3. Wie äußerte sich das Lebensgefühl des Barockes im

Lebensstil der Fürsten _____

Lebensstil der wohlhabenden Bürger _____

Das Leben auf dem Dorf _____

Die Menschenrechte werden formuliert

Lernziele: Kenntnis von der Formulierung der Menschenrechte in der Französischen Revolution
Verankerung der Menschenrechte im Grundgesetz wiederfinden.
Materialien: Grundgesetz, Arbeitsblatt 6.
Lernsequenz: Die Französische Revolution
Ein zentrales Ereignis der Revolution: die Erklärung der Menschenrechte
Grund- und Menschenrechte heute.

Voraussetzungen:

Die Situation in Frankreich am Vorabend der Revolution, das Ständewesen und die ungerechte Steuerbelastung sind den Schülerinnen und Schülern ein Begriff. Sie wissen von der Einschränkung der persönlichen Rechte des dritten Standes. Die Vorgänge und Ereignisse bis zum August des Jahres 1789 wurden behandelt.

Einstieg:

Wiederholung: Die Situation im revolutionären Frankreich → abschließende Feststellung: Die Lage droht unkontrollierbar zu werden.

1. Eine neue Ordnung wird gebraucht

Die Schülerinnen und Schüler bearbeiten die Fragen zur Karikatur. Sie kommen über die Beschreibung des Dargestellten zu der eigentlichen Aussage und stellen Vermutungen über die Hintergründe an: Die Abschaffung der Privilegien für den ersten und zweiten Stand.

Eintrag AB:
- *Sie dreschen auf den Boden*
- *Säbel, Rüstung, Perücke, Schild und Bischofsmützen*
- *Erster und zweiter Stand*

Im UG wird den Schülerinnen und Schülern verdeutlicht, dass durch die Nationalversammlung ein Recht geschaffen wurde, das es in Europa noch nie gegeben hatte. Die Abschaffung der Privilegien und eine größere Gerechtigkeit innerhalb der Gesellschaft waren der einzige Weg, die Lage ohne Eskalation wieder in geordnete Bahnen zu lenken. Die Menschen- und Bürgerrechte werden im Einzelnen besprochen und durch Beispiele aus der heutigen Zeit belegt.

Dabei ist auch darauf hinzuweisen, dass die Rechte, die die Schülerinnen und Schüler heute wie selbstverständlich genießen können, zur damaligen Zeit erkämpft werden mussten. Die große kulturelle Leistung dieser Zeit soll hier gewürdigt werden.

2. Die Menschenrechte sind auch bei uns verankert

Die Bedeutung der Ereignisse wird durch den Vergleich mit dem Grundgesetz der Bundesrepublik nochmals verdeutlicht und vertieft. Die Schülerinnen und Schüler lesen den Text des GG im Original und suchen Parallelen zu den Menschen- und Bürgerrechten.

Eintrag AB:
Art. 1 Schutz der Menschenwürde (2)
Art. 2 Freiheit der Person (2)
Art. 3 Gleichheit vor dem Gesetz (6)
Art. 14 Schutz des Eigentums (17)
Art. 20 Staatsgewalt geht vom Volk aus (3)
Art. 20 Widerstandsrecht (2)

Im UG können die weiteren Menschenrechte im GG gelesen und besprochen werden. Die Schülerinnen und Schüler erkennen, dass die Rechte mit Neuerungen in der Technik und Gesellschaft erweitert werden müssen.

Ausweitung

Geschichte → sowie **Erdkunde →**

Ausbreitung und Geltung der Menschenrechte bis zur weltweiten Verbreitung durch die UNO nach dem Zweiten Weltkrieg. Ein wichtiges Thema ist auch die Tatsache, dass die Menschenrechte in Diktaturen aufgehoben werden (Beispiel: Verfolgung jüdischer Mitbürger im Nationalsozialismus). Auch heute sind die Menschenrechte in sehr vielen Ländern ständig bedroht.

Name: _____ Datum: _____ Arbeitsblatt **6**

Die Menschenrechte werden formuliert

© Bildarchiv Preussischer Kulturbesitz, Berlin

1. Eine neue Ordnung wird geschaffen

1. Was tun diese Männer? _____
2. Auf welche Gegenstände dreschen sie ein? _____
   _____
3. Diese Gegenstände sind Symbole. Wer ist damit gemeint? _____
   _____

Am **5. August 1789** wurden die **Menschen- und Bürgerrechte** verkündet.

Lies dir den Auszug durch und überlege dir zu jedem Recht ein Beispiel aus deinem Leben.

1. Die Menschen werden frei und gleich an Rechten geboren und bleiben es.
2. Der Zweck jeder staatlichen Vereinigung ist die Erhaltung der natürlichen und unverjährbaren Menschenrechte. Diese Rechte sind Freiheit, Eigentum, Sicherheit und Widerstand gegen Unterdrückung.
3. Der Ursprung jeder Herrschaft liegt beim Volk.
4. Die Freiheit besteht darin, alles tun zu können, was einem anderen nicht schadet.
6. Alle Bürger haben das Recht an der Gestalt des Gesetzes persönlich oder durch ihre Vertreter mitzuwirken. Es soll für alle Bürger das gleiche sein, es mag beschützen und bestrafen.
8. Man kann nur bestraft werden aufgrund eines Gesetzes, das vor der Straftat festgelegt und verkündet war.
9. Jeder Mensch wird solange für unschuldig gehalten, bis er für schuldig erklärt worden ist.
13. Für die Unterhaltung der öffentlichen Gewalt und für die Verwaltungsausgaben ist eine allgemeine Abgabe unerlässlich; sie muss gleichmäßig auf alle Bürger gemäß ihrem Vermögen verteilt werden.
15. Die Gesellschaft hat das Recht von jedem Staatsbeamten Rechenschaft über seine Amtsführung zu verlangen.
17. Da das Eigentum ein unverletzliches und geheiligtes Recht ist, kann es niemandem genommen werden.

2. Die Menschenrechte sind auch bei uns verankert

Schlage im Grundgesetz nach und gib den Inhalt der Artikel in einem Stichwort wieder.
Füge die Nummer der Erklärung oben in die Klammer ein.

Art. 1 _____ (__)   Art. 2 _____ (__)

Art. 3 _____ (__)   Art. 14 _____ (__)

Art. 20 _____ (__)   Art. 20 _____ (__)

Amnesty International (ai) setzt sich ein

Lernziele: Von Menschenrechtsverletzungen in der Welt erfahren
Begreifen, dass Menschen in physischer und psychischer Not geholfen werden muss
Wissen, dass sich ai für solche Menschen einsetzt.
Materialien: Info-Material von ai, Landkarte/Atlas, Grundgesetz, Arbeitsblatt 7.
Lernsequenz: Der Kampf um elementare Menschenrechte in der Franz. Revolution – Gelten die Menschenrechte überall und für alle Menschen? – Organisation zum Schutz der Menschenrechte.

Sachinformationen:

„Sie können ihre Zeitung an jedem x-beliebigen Tag der Woche aufschlagen, und Sie werden in ihr einen Bericht über jemanden finden, der irgendwo in der Welt gefangen genommen, gefoltert oder hingerichtet wird, weil seine Ansichten oder Religion seiner Regierung nicht gefallen (...) Der Zeitungsleser empfindet eine Ekel erregende Hilflosigkeit. Wenn jedoch diese Gefühle des Abscheus in der ganzen Welt in einer gemeinsamen Aktion vereint werden könnten, wäre es möglich, etwas Wirkungsvolles zu tun."

Mit diesem Satz beginnt die Geschichte von amnesty international. Er steht am Anfang eines Aufrufs, den der britische Rechtsanwalt Peter Benenson am 28. Mai 1961 in der britischen Wochenzeitung „The Observer" und anschließend in anderen bedeutenden europäischen Zeitungen an die Öffentlichkeit richtete.

Innerhalb einer Woche erhielt Benenson mehr als tausend Unterstützungsangebote, in denen die Bereitschaft kundgetan wurde, Informationen zu sammeln und zu veröffentlichen sowie an Regierungen heranzutreten. Der Grundstein für eine ständige Menschenrechtsorganisation, die schließlich unter dem Namen amnesty international bekannt wurde, war gelegt.

Unterrichtsgestaltung:

Einstieg:

Bild „Erdball in Gitterform" / Schülervermutungen
oder: Zeitungsartikel (aktueller einschlägiger Vorfall)
Unrecht im eigenen Umfeld.

Stoffliche Erarbeitung:

Wiederholung: Artikel im GG, welche die Menschenrechte betreffen.

1. Teilziel:
Staaten, in denen die Menschenrechte nicht oder wenig geachtet werden
- **Erdkunde ➔** Aufsuchen im Atlas / an der Wandkarte
- Formen der Menschenrechtsverletzung (Verfolgung politisch Andersdenkender, Verurteilung ohne Gerichtsverfahren, Folter - Aufhängen an Armen oder Beinen, Zufügen von Verbrennungen, wiederholtes Untertauchen in Wasser bis zum nahen Erstickungstod, Elektroschocks, sexuelle Misshandlungen -, Todesstrafe)

2. Teilziel:
Daten zur Organisation

3. Teilziel:
Aktivitäten von ai (Was macht ai?)

4. Teilziel:
Vorgehensweisen von ai (Wie versucht ai den Opfern zu helfen?)

Besinnung:

Weshalb ist eine Organisation wie ai notwendig? Wie können wir die Arbeit von ai unterstützen?

Ausdruck:

Plakataktionen (Hinweis auf die Arbeit von ai / Aufruf zur Unterstützung von ai)

Info-Material über
amnesty international
SKG Menschenrechtserziehung
53108 Bonn

Lösung des Arbeitsblattes von Seite 17

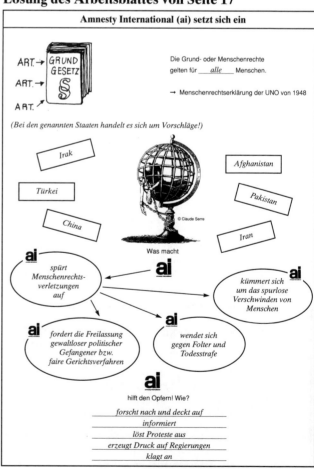

| Name: | Datum: | Arbeitsblatt 7 |

Amnesty International (ai) setzt sich ein

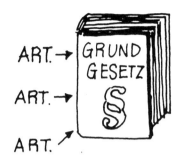

Die Grund- oder Menschenrechte gelten für _____ Menschen.

→ Menschenrechtserklärung der UNO von 1948

In vielen Staaten der Welt werden die Menschenrechte wenig oder gar nicht geachtet:

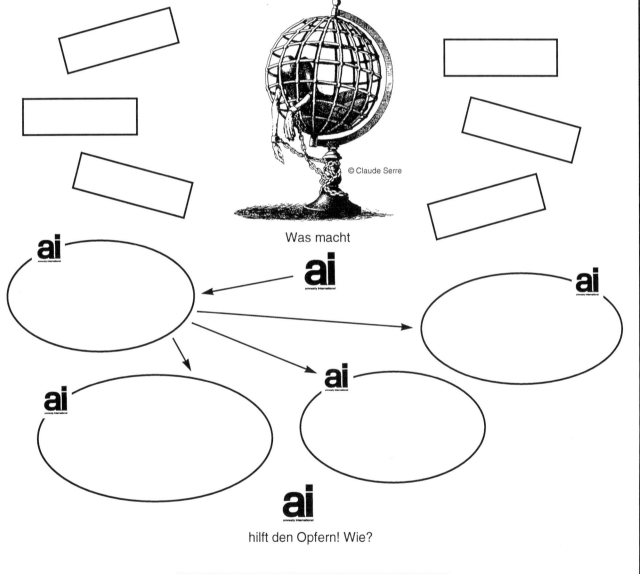

Was macht **ai** hilft den Opfern! Wie?

_____
_____
_____
_____

Wann spricht man von einer Straftat?

Lernziele: Merkmale einiger Straftaten kennen
Sich mit Rechtsverstößen von Jugendlichen auseinander setzen
Recht- und unrechtmäßiges Verhalten unterscheiden.
Material: Arbeitsblatt 8.
Lernsequenz: Regelungen des sozialen Lebens
Recht und Rechtspflege
Wann spricht man von einer Straftat?
Folgen einer Straftat (Fallbeispiel).

Einstieg:

Die Schülerinnen und Schüler versuchen Begriffe zu definieren und Straftaten durch Beispiele zu verdeutlichen.

1. Merkmale einiger Straftaten

Die meisten Schülerinnen und Schüler wissen nicht, durch welche Merkmale Handlungen zu kriminellen Taten werden. Mithilfe der vereinfacht wiedergegebenen Merkmale können die Schülerinnen und Schüler die zum Teil geringen Unterschiede herausarbeiten. Diese Unterschiede sollten auf jeden Fall noch einmal verbalisiert werden. Im Bewusstsein soll sich z. B. festsetzen, dass in der Bewertung einer Straftat ein Unterschied zwischen der Androhung und der Anwendung von Gewalt besteht. Für Manche ist es erstaunlich, dass die Androhung von Gewalt an sich bereits eine Straftat darstellen kann.

> **Eintrag AB:** *Von oben nach unten ergibt sich folgende Reihenfolge:*
> *h i a c b d e g f*

Den Schülerinnen und Schülern gelingt es leicht, Handlungen aus dem (Schul)alltag zu schildern, die diese Straftaten mit Beispielen belegen. Hier ist eine Gratwanderung des Lehrers gefordert, da die Handlungen zwar als unrechtmäßig bewertet, die Schülerinnen und Schüler aber deshalb nicht sofort kriminalisiert werden sollen. Die Schülerinnen und Schüler sollen erspüren, dass es nicht immer nur ein Spaß oder ein Scherz ist, wenn man so ein Verhalten zeigt. Auch die Solidarität mit Freunden, die sich eines Vergehens schuldig gemacht haben, sollte überdacht und Möglichkeiten der Intervention gesucht werden.

2. Welche Straftaten liegen hier vor?

Die Schülerinnen und Schüler bearbeiten die acht Fälle zunächst allein und benennen die Straftaten. Im UG wird jeder einzelne Fall hinsichtlich der Merkmale genau untersucht. So muss z. B. ein Diebstahl unter bestimmten Begleitumständen als Einbruch gewertet werden. Auch die Unterscheidung von fahrlässiger und vorsätzlicher Körperverletzung gelingt nicht leicht und eindeutig. Hier kann den Schülerinnen und Schülern aufgezeigt werden, warum in Strafsachen z. T. um scheinbare Kleinigkeiten gestritten wird.

> **Eintrag AB:**
> *Zeilenweise ergibt sich folgende Lösung:*
> *Diebstahl – Urkundenfälschung*
> *Räuberische Erpressung – Raub*
> *Vorsätzliche Körperverletzung – Einbruch*
> *Betrug – Fahrlässige Körperverletzung*

Die unterschiedliche Beurteilung der Handlungen kann zu einer Diskussion oder zu einem Rollenspiel (Gerichtsverhandlung) genutzt werden.
Ein sehr wichtiges Anliegen neben dem reinen Wissenserwerb ist die Förderung der Bereitschaft legal zu handeln. Die Schülerinnen und Schüler sollen die Motive des Täters hinterfragen und sich Verhaltensalternativen überlegen. Auch der Rollenwechsel kann neue Impulse und Sichtweisen fördern. Stelle dir vor, eine dir wichtige Person (Eltern, Geschwister, Freund/in) wäre das Opfer!
Wichtige Unterrichtsmethode ist bei diesem Anliegen das Rollenspiel; eine offene Gesprächsatmosphäre ist Bedingung.

| Name: | Datum: | Arbeitsblatt 8 |

Wann spricht man von einer Straftat?

1. Merkmale einiger Straftaten

Ordne den Straftaten die Merkmale zu!

Fahrlässige Körperverletzung (StGB § 230) ___

Vorsätzliche Körperverletzung (StGB §§ 223 – 226) ___

Diebstahl (StGB § 242) ___

Einbruch (StGB § 243) ___

Raub (StGB § 249) ___

Erpressung (StGB § 253) ___

Räuberische Erpressung (StGB § 255) ___

Betrug (StGB § 263) ___

Urkundenfälschung (StGB § 267) ___

a) Wegnehmen und Behalten von Dingen, die einem nicht gehören.

b) Wegnehmen von fremden Dingen mit Gewalt.

c) Aufbrechen von verschlossenen Behältnissen (z. B. Haus, Kasse) um zu stehlen

d) Jemanden zu etwas zwingen, indem man ihm Gewalt androht.

e) Jemanden zu etwas zwingen, indem man Gewalt anwendet.

f) Ein Dokument ändern oder nachmachen, um andere zu täuschen.

g) Falsche Tatsachen angeben oder wahre verschweigen, um sich einen Vorteil zu verschaffen.

h) Sich so verhalten, dass ein anderer aus Versehen verletzt wird, man es aber hätte ahnen können.

i) Sich so verhalten, dass man einen anderen verletzt und eine mögliche Verletzung auch in Kauf genommen hat.

2. Welche Straftaten liegen hier vor?

Manfred öffnet die Schultasche von Sven um sich dessen Walkman zu nehmen.

Sabine verbessert die Note auf der Mathematikprobe, damit sie keinen Hausarrest bekommt.

Reiner aus der 9. Klasse kassiert von einigen Fünftklässlern jede Woche 3 DM. Wenn sie nicht zahlen, bekommen sie Prügel.

Martina sieht einen kleinen Jungen mit einem Discman. Sie reißt ihn dem Kleinen aus der Hand und rennt weg.

Nach einem Streit stellt Kim seinem Mitschüler Martin ein Bein, um ihm einen Denkzettel zu verpassen. Martin stürzt deshalb und erleidet einen komplizierten Beinbruch.

Peter und Andreas knacken das Schloss am Kiosk, um an Süßigkeiten und Zigaretten zu kommen.

Karin erzählt ihren Eltern nicht, dass der Lehrer 35 DM von der Klassenfahrt zurückbezahlt hat.

Beim Hockeyspielen holt Tanja im Eifer des Gefechts mit dem Schläger weit nach hinten aus und trifft eine Mitspielerin. Diese verliert einen Zahn.

„Für mich hat das keine Folgen!"

Lernziele: Rechtsbedeutsame Altersstufen kennen
Die möglichen Bestrafungen durch das Jugendgericht unterscheiden
Bescheid wissen über außergerichtliche Folgen bei Straffälligkeit.
Material: Arbeitsblatt 9.
Lernsequenz: Recht und Rechtspflege
Wann spricht man von einer Straftat?
„Für mich hat das keine Folgen!" (Fallbeispiel)

Einstieg:

Ausgangspunkt ist die kurze Situationsschilderung auf dem Arbeitsblatt, die die Schülerinnen und Schüler zu Stellungnahmen und Begründungen reizt. Die Schülerinnen und Schüler interessiert die Frage, ob solch eine Tat wirklich ohne Folgen bleiben wird.

1. Rechtsbedeutsame Altersstufen

Die Begegnung mit dem Originalgesetzestext, der in diesem Fall leicht verständlich und eindeutig ist, kann den Schülerinnen und Schülern die Scheu vor dem schwierigen „Paragraphendeutsch" nehmen.
Mithilfe der ergänzenden Erklärungen können die rechtsbedeutsamen Altersstufen erarbeitet und in der Tabelle gesichert werden.

Eintrag AB:
- unter 14   Kind   keine
- 14 bis 18   Jugendlicher   bedingt
- 18 bis 21   Heranwachsender   bedingt oder voll
- über 21   Erwachsener   voll

2. Formen der Bestrafung

Für dieses komplexe Kapitel sollte ausreichend Zeit vorhanden sein. Der Weg von der polizeilichen Ermittlung bis zum Jugendgerichtsverfahren wird dargestellt; anschließend sollte das Spektrum der Bestrafungsmöglichkeiten aufgezeigt werden. Der Gesetzgeber hat dem Richter eine sehr flexible Vorgabe gegeben, um ganz individuell auf den Fall jedes einzelnen Jugendlichen eingehen zu können. Im Vordergrund steht im Jugendstrafrecht nicht die Sanktionierung einer Tat, sondern die Erziehung des Jugendlichen. Das ist der Grund, warum die Polizei bei einem auffälligen Jugendlichen auch das Jugendamt einschaltet. Schon der Staatsanwalt hat die Möglichkeit das Verfahren einzustellen, wenn er das Gefühl hat, dass der Jugendliche durch die bis dahin erfolgten staatlichen Maßnahmen positiv beeinflusst wurde und eine Besserung zu erwarten ist. Der Jugendrichter macht sich ein Bild von der Persönlichkeit des Täters und wählt aus den drei Bereichen Erziehungsmaßregeln, Zuchtmitteln und Jugendstrafen aus. Zuchtmittel kommen zum Tragen, wenn die Tat nicht auf einer Erziehungsbedürftigkeit des Jugendlichen beruht, sondern auf Schwierigkeiten im persönlichen Bereich und einer erhöhten Bereitschaft zu illegalen Taten. Jugendstrafe wird verhängt, wenn der Jugendliche schon mehrmals Straftaten begangen hat und erneut rückfällig geworden ist.

Eintrag AB:
1. Erziehungsmaßregeln
   - Weisungen
   - Erziehungsbeistand
2. Zuchtmittel
   - Verwarnung
   - Auflagen
   - Jugendarrest
3. Jugendstrafe
   - Freiheitsstrafe ohne Bewährung
   - Freiheitsstrafe mit Bewährung

Die einzelnen Möglichkeiten lassen sich aus dem Originalgesetzestext gut erarbeiten. Bei der Zuordnung helfen die Paragraphennummern.

3. Folgen durch das Jugendamt

Im letzten Teil gelangt man wieder zur Ausgangsfrage: Den Schülerinnen und Schülern wird aufgezeigt, dass es sehr wohl Folgen von Straftaten für Kinder geben kann, wenn auch eine gerichtliche Verurteilung nicht möglich ist. Auch hier steht die Erziehung im Vordergrund.

Eintrag AB:
1. Aktenvermerk
2. Erziehungsbeistand
3. Pflegefamilie   Erziehungsheim

Name: _____ Datum: _____ Arbeitsblatt 9

„Für mich hat das keine Folgen"

Markus (13) und Stefan (14) wurden bei einem Kioskeinbruch erwischt. Markus ist sich sicher: „Mich können sie nicht bestrafen, weil ich noch nicht 14 bin. Für mich hat das keine Folgen." Stefan hat da seine Zweifel. „Da wäre ich mir nicht so sicher. Dich haben sie jetzt schon zum vierten Mal erwischt. Meine Strafe wird nicht schwer sein, ich habe bisher noch nie mit der Polizei zu tun gehabt."

1. Rechtsbedeutsame Altersstufen

Im Jugendgerichtsgesetz (JGG) sind die Altersstufen festgelegt:

§ 1 (2) „Jugendlicher ist, wer zur Zeit der Tat vierzehn, aber noch nicht achtzehn, Heranwachsender, wer zur Zeit der Tat achtzehn, aber noch nicht einundzwanzig Jahre alt ist."

Wer unter vierzehn Jahre alt ist, wird als strafunmündiges Kind betrachtet, Personen über einundzwanzig sind voll straffähige Erwachsene. Jugendliche sind bedingt straffähig, bei Heranwachsenden kommt es auf ihre Reife an, sie können bedingt oder voll straffähig sein.

Altersstufe	Bezeichnung	Straffähigkeit

2. Verschiedene Formen der Bestrafung für Stefan

JGG § 3: „Ein Jugendlicher ist strafrechtlich verantwortlich, wenn er zur Zeit der Tat nach seiner sittlichen und geistigen Entwicklung reif genug ist, das Unrecht der Tat einzusehen und nach dieser Einsicht zu handeln."

Polizei → Jugendamt → Einstellung des Verfahrens
Polizei → Staatsanwaltschaft → Jugendrichter

Jugendgericht

1. _____ 2. _____ 3. _____

§ 10 _____   § 14 _____   § 17 _____

§ 12 _____   § 15 _____   § 21 _____

§ 16 _____

3. Für Markus kann es sehr wohl Folgen haben.

Wenn ein Kind eine Straftat begangen hat, meldet das die Polizei bei der Jugendstaatsanwaltschaft, es gibt jedoch kein Gerichtsverfahren. Im Fall von Markus wird man aber bestimmt das Jugendamt verständigen.

Das Jugendamt hat verschiedene Möglichkeiten:

1. _____   2. _____

3. Unterbringung in einer _____ oder in einem _____
Die Unterbringung kann durch das Vormundschaftsgericht auch gegen den Willen der Eltern vorgenommen werden.

Alte Menschen in unserer Gesellschaft

Lernziele: Beschäftigung mit den Lebenssituationen alter Menschen aus der Umgebung
Erinnerungen alter Menschen
Einstellungen zwischen Jung und Alt.
Materialien: Mehrere Kassettenrekorder mit Aufnahmegeräten, Pappplakate (als Schautafeln).
Lernsequenz: Alter und Alte in zeitlicher und räumlicher Ferne – Alte Menschen in unserer Gesellschaft – Gesellschaftspolitische Herausforderungen.

Unterrichtsgestaltung:

Alle Themen (aus diesem Themenkreis) können in einem Projekt bearbeitet werden, evtl. in Zusammenarbeit mit Parallelklassen.

Einstieg:

1. Rollenspiele initieren zur Übung für eine spätere Umfrage bei älteren Leuten (den „richtigen Ton" treffen)
2. Vorurteile der Jungen und der Alten sammeln → Wie kommen wir zu einem Dialog?
3. Impuls: Du wirst von einem älteren Menschen zu Unrecht beschimpft. Wie reagierst Du?
4. „Patenschaften" anregen (z. B. Einkaufen, Vorlesen)

Umfrage bei Personen, die kurz vor dem Rentenalter stehen oder dieses bereits überschritten haben, aus der Nachbarschaft bzw. im Altenheim
Möglicher Fragenkatalog, mit den Schülerinnen und Schülern erarbeitet:
– Erkundigen nach dem momentanen Alter
– Welche Erlebnisse in Ihrem Leben haben sich bei Ihnen besonders eingeprägt?
– Was möchten Sie nicht noch einmal erleben, was schon?
– Haben Sie Angst / Hatten Sie früher Angst ins Seniorenalter zu kommen?
– Welche Vorstellungen bereiten Ihnen heute Unbehagen?
– Welche Einrichtungen für ältere Menschen schätzen Sie besonders?
– Was müsste Ihrer Ansicht nach noch getan werden, damit Sie sich im Alter wohl und gut aufgehoben fühlen?

Problemstellung:

„Ich habe Angst vor dem Altwerden!" - eine berechtigte oder unberechtigte Aussage?

Problementfaltung:

1. Teilziel:
Ängste der älteren Generation (lt. Umfrage)

2. Teilziel:
Ursachen für diese Ängste (u. a. Einsatz von aktuellen, themenbezogenen Zeitungsartikeln)

3. Teilziel:
Bestehende Einrichtungen für ältere Leute (einschlägige Angebote einholen von Caritas, Kirche, Nachbarschaftshilfe, ... evtl. Leiter/in einer Einrichtung einladen zur Berichterstattung über die Altenarbeit)

4. Teilziel:
Was tun aktive Ältere?

5. Teilziel:
Wünsche/Anregungen der angesprochenen Personengruppe
(Ergebnis der Umfrage)

Zusammenfassung:

Plakate für eine Ausstellung

Besinnung:

Sind die Ängste begründet? Wer gilt in unserer Gesellschaft als „wertvoll", wer als mehr oder weniger nur geduldet?

Vorschläge für die Gestaltung einzelner Schautafeln

Was ältere Menschen in unserem Ort sagten

Wovor sich viele ältere Leute ängstigen

- zum „alten Eisen" zu gehören (Jugendzentriertheit unserer Gesellschaft)
- Einkommensminderung durch das Ausscheiden aus dem Erwerbsleben
- unsichere Renten
- körperliche Beweglichkeit lässt nach/ Angst vor Krankheit
- weniger mitmenschliche Kontakte
- Mieterhöhung oder Kündigung der Wohnung
- Umstellung des Lebensrhythmus'
- Einsamkeit
- „abgeschoben" zu werden

Was tun aktive Ältere?

- politische Mitarbeit (in Parteien, Verbänden, Vereinen)
- soziale Tätigkeiten (meistens ehrenamtlich!) z. B. in Kirchengemeinde, Nachbarschaft oder der eigenen Familie
- Reisen
- sich Zeit für Hobbys nehmen (Sport, Musik, Kunst etc.)

Was für die Älteren getan wird

- Altentagesstätten
- Seniorenclubs (mit kulturellen und sportlichen Angeboten)
- **stationäre** und **offene Altenhilfe**

  Altenheime,   Hausbesuche durch
  mit Pflegestationen   Helfer,
                        ambulante
                        Kranken- und
                        Altenpflege

  organisiert von: Caritas
                   Kirche
                   Nachbarschaftshilfe

Die Industrialisierung veränderte die Arbeits- und Lebensverhältnisse

Lernziel: Die Schülerinnen und Schüler sollen erkennen, dass durch technisch-wissenschaftlichen Fortschritt und neue Geistesströmungen die Voraussetzungen für die moderne Industriegesellschaft geschaffen wurden.
Materialien: Geschichtsbuch, Quellentexte, evtl. Dias oder Film zum Thema, Arbeitsblatt 10.
Lernsequenz: Die technisch-industrielle Revolution und die Folgen.

Hinführung:
Bild „Werkhalle" mit vielen Fabrikarbeitern und großen Maschinen.

Erarbeitung:

1. Teilziel:
Veränderungen in der Gesellschaft und in der Technik:
– Menschenrechtsdeklaration
– Bauernbefreiung
– Starke Zunahme der Geburten (Fortschritte in der Medizin, Ernährung nicht mehr ganz so ungesichert wie in früheren Zeiten)
– Erfindung der Dampfmaschine (neue Antriebsmaschinen für Produktionsmaschinen, Eisenbahn, Dampfschiffe)
– Entstehung von Fabriken mit Massenproduktion

2. Teilziel:
Veränderungen in der Arbeitswelt und in den Lebensbedingungen:
– Der Unternehmer setzt sein Kapital ein und leitet davon das Recht ab, Höhe der Löhne, Länge der Arbeitszeit sowie alle äußeren Bedingungen der Arbeit nach seinem Willen festzulegen
– rücksichtslose Ausnutzung der Arbeitskraft
– Produktion nicht auf Bestellung und nicht nach Bedarf (Gefahr der Überproduktion!)
– Arbeitslosigkeit von Handwerkern

3. Teilziel:
negative Folgen für die Bevölkerung:
– häufige Arbeitsunfälle
– tägliche Arbeitszeit bis zur Erschöpfung
– ungesunde Arbeitsbedingungen
– Entlassung war jederzeit möglich
– keinerlei Absicherung bei Krankheit und Alter
– Lohn reicht nicht für menschenwürdiges Leben
– Kinderarbeit
– Wohnen in Mietskasernen ohne ausreichende sanitäre Einrichtungen, ohne Licht und Sonne

Beispiel zur Personifizierung:
Familie mit 6 Kindern
– Vater nach Arbeitsunfall Invalide
– Die Mutter und die zwei älteren Kinder (10 und 12 Jahre alt) arbeiten in der Fabrik
– Das dritte Kind (8 Jahre) passt auf die Kleinen auf, muss den Haushalt versorgen
– Wohnen in Mietskaserne (Bildereinsatz!)
– Kinder können nicht in die Schule gehen → keine Verbesserung der Lebensbedingungen

positive Folgen für die Bevölkerung:
– die industriellen Erzeugnisse werden preiswerter
– die Versorgung der Bevölkerung verbessert sich
– die Arbeiterklasse wird zum politischen Einflussfaktor.

Wertung:

Sozialkunde ⟶ Galten für die damaligen Arbeitnehmer die Menschenrechte wirklich? Was ist heute anders? (Unfallschutz, Gewerkschaften, geregelte Arbeitszeit, Tarifverträge)

Lösung des Arbeitsblattes von Seite 25

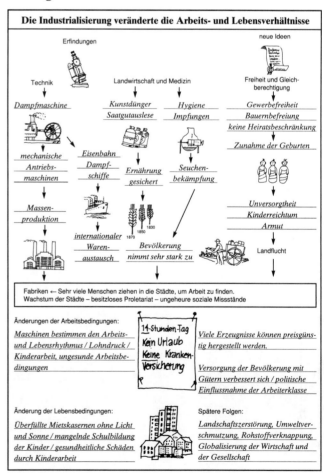

Name: _____ Datum: _____

Arbeitsblatt **10**

Die Industrialisierung veränderte die Arbeits- und Lebensverhältnisse

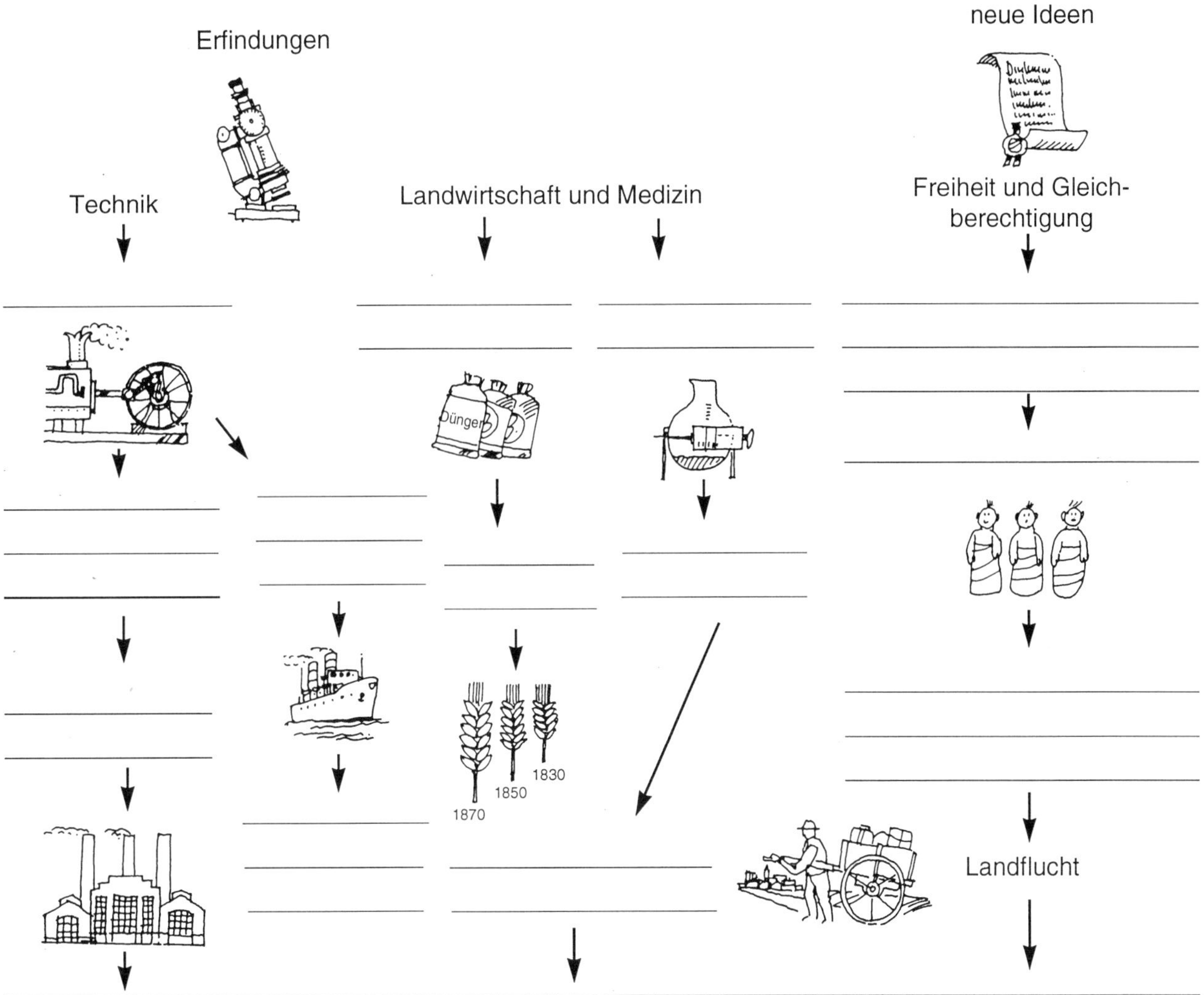

Erfindungen

neue Ideen

Technik ↓

Landwirtschaft und Medizin ↓ ↓

Freiheit und Gleichberechtigung ↓

_____

_____

↓

↓ ↓

↓

_____

_____

↓

↓ ↓

1870 1850 1830

↓

_____

Landflucht ↓

Fabriken ← Sehr viele Menschen ziehen in die Städte, um Arbeit zu finden.
Wachstum der Städte – besitzloses Proletariat – ungeheure soziale Missstände

Änderungen der Arbeitsbedingungen:

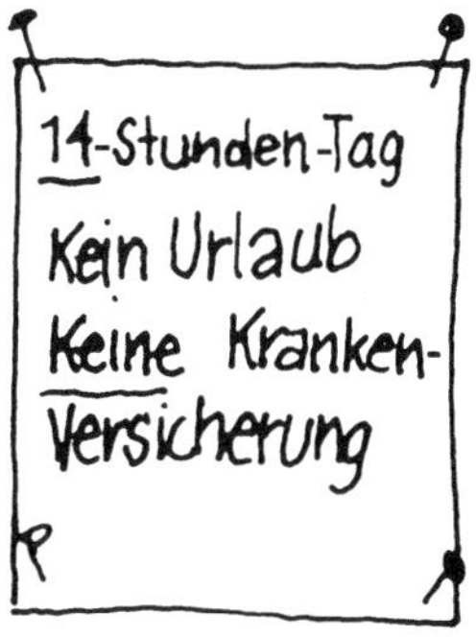

14-Stunden-Tag
Kein Urlaub
Keine Krankenversicherung

_____

_____

Änderung der Lebensbedingungen:

Spätere Folgen:

_____

_____

Was zur Lösung der sozialen Frage getan wurde

Lernziele: Erfahren von Maßnahmen und Hilfen zur Linderung der sozialen Not der Arbeiter im 19. Jahrhundert.
Materialien: Bilder von Arbeiteraufständen, -streiks (z. B. der Weber), Geschichtsbuch, Lexikon, evtl. „Manifest der Kommunistischen Partei" von Marx und Engels, Arbeitsblatt 11.
Lernsequenz: Die technisch-industrielle Revolution und die Folgen.
Die soziale Frage: ihre Lösung als Aufgabe von Staat und Gesellschaft.

Unterrichtsgestaltung:

Einstieg:

Betrachten der Bilder von Arbeiteraufständen bzw. -streiks.

Einführung:

Kurze Lehrererzählung zu G. Hauptmanns „Die Weber"
AB-Eintrag zur Situation der Arbeiter.

Zielangabe:

Wege zur Lösung der „sozialen Frage" = Einsatz verschiedener Gruppen für ein menschenwürdiges Leben der Arbeiter.

Vergegenwärtigung:

Erarbeitung der Teilziele in Gruppenarbeit anhand des Geschichtsbuches.

1. Teilziel:
Hilfe durch einzelne Unternehmer
- A. Krupp
- E. Abbe
- Zusätzliche Hilfen durch andere Arbeitgeber.

2. Teilziel:
Aktivitäten, die von der Kirche ausgingen
- J. H. Wichern
- A. Kolping
- W. E. Ketteler
- F. v. Bodelschwingh.

3. Teilziel
Initiativen, die aus den Reihen der Arbeiter selbst kamen
- Aufstände, Streiks
- Gewerkschaften
(zu Bedeutung und Aufgaben von Gewerkschaften → Schülervorwissen, Nachschlagen im Lexikon)
- Arbeiterparteien (evtl. Schülerreferat zur Gründung der SPD).

4. Teilziel:
Maßnahmen von Seiten des Staates.

Zusammenfassung:

Eintrag der gewonnenen Erkenntnisse auf dem AB.

Ausweitung:

Sozialkunde ⟶ Thesen von Marx und Engels zur Verelendung des Proletariats und ihre Vorhersage einer kommenden Revolution.

Lösung des Arbeitsblattes von Seite 27

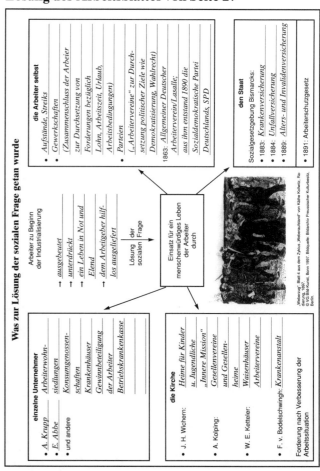

Name: _____ Datum: _____

Arbeitsblatt **11**

Was zur Lösung der sozialen Frage getan wurde

die Arbeiter selbst

- _____
- _____
_____
_____
_____
- _____
_____
_____
1863: _____

den Staat

Sozialgesetzgebung Bismarcks:
- 1883: _____
- 1884: _____
- 1889: _____

- 1891: Arbeiterschutzgesetz

Arbeiter zu Beginn der Industrialisierung
_____
_____
_____
_____

↑ ↑ ↑ ↑

Lösung der sozialen Frage →

Einsatz für ein menschenwürdiges Leben der Arbeiter durch

„Weberzug". Blatt 4 aus dem Zyklus „Weberaufstand" von Käthe Kollwitz, Radierung, 1897.
© VG Bild-Kunst, Bonn 1997. Bildquelle: Bildarchiv Preussischer Kulturbesitz, Berlin.

einzelne Unternehmer

- _____
- _____
- und andere

die Kirche

- J. H. Wichern: _____
- A. Kolping: _____
- W. E. Ketteler: _____
- F. v. Bodelschwingh: __

Forderung nach Verbesserung der Arbeitssituation

Tourismus verbindet die Menschen in Europa

Lernziele: Völker verbindende Funktion des Tourismus – Voraussetzungen – Negative Begleiterscheinungen – Fachgemäße Arbeitsweisen: Auswerten von Statistiken, Reiseprospekten und thematischen Karten.

Materialien: Statistiken, Wandkarte und Atlas (Europa, Sonderkarten Deutschland: Verkehr und Fremdenverkehr), Bilder (Dias) von europäischen Sehenswürdigkeiten, Beispiele für Probleme, die der Tourismus mit sich bringen kann (Bilder von Staus, Müllbergen, „Betonburgen" etc.), Reiseprospekte (Europa), eventuell Flugplan des nächstgelegenen Flughafens, Arbeitsblätter 12 a und b.

Lernsequenz: Deutschland – ein Teil Europas – Nachbarländer Deutschlands – Verbindung durch Tourismus – Grenzüberschreitende Zusammenarbeit.

Unterrichtsgestaltung:

Auswertung von Statistiken (s. S. 30 unten) in Gruppen- oder Partnerarbeit.
Eine Auswahl der gewonnenen Erkenntnisse wird im AB 12 a festgehalten.

- Auswertung von Reiseprospekten:
  z. B. Abflughäfen/Zielflughäfen, Sehenswürdigkeiten auf der Karte/im Atlas suchen, Bilder ausschneiden und an Wandkarte heften, evtl. Wandzeitung anlegen.
- Auswertung von Verkehrs- und Fremdenverkehrskarte:
  Lage der internationalen Flughäfen (Flughafensymbole an Wandkarte heften!) – Bahnlinien – Autobahnen – Fremdenverkehrsorte.
- Voraussetzungen für Tourismus: Unterrichtsgespräch
- Vorteile des Tourismus für Reisende und Gastländer: Unterrichtsgespräch
- Probleme in den Gastländern:
  1. Bilder/Dias: Müllberge, Staus und „Betonburgen" am Meer als Beispiele für einen Tourismus ohne Planung und Konzept (an solchen Zuständen sind die Touristen in der Regel nicht allein schuld)
  2. Nationale Überheblichkeit von Touristen/Beispiele für schlechtes Benehmen
     → Schülerinnen und Schüler erarbeiten Vorschläge zur Vermeidung dieser Probleme. Einsatz von AB 12 b.
- Aufforderung zum sanften Tourismus: Hierzu könnte das Faltblatt „Ökologisch Reisen - auf Fernreisen die Natur entlasten" (Herausgeber: Deutscher Reisebüroverband e.V., Mannheimer Str. 15, 60329 Frankfurt) bestellt und eingesetzt werden.
- Länderrätsel: siehe AB 12 a, (beliebig erweiterbar, auch als Wettspiel)
- Weiterarbeit: Schülerinnen und Schüler stellen aus Prospekten „ihren Wunschurlaub" zusammen und berichten (Kurzreferate)
- Erstellen eines Europapuzzles.

Statistisches Material in jeweils aktueller Fassung ist erhältlich bei:

Forschungsgemeinschaft Urlaub und Reisen e. V.
c/o H.-M. Krämer
Gruner & Jahr
20444 Hamburg
Tel: 040/3703-2990

Deutsche Zentrale für Tourismus e. V.
Beethovenstraße 69
60325 Frankfurt
Tel: 069/7572-0, Durchwahl -133

Globus Kartendienst GmbH
Postfach 130393
20148 Hamburg
Tel: 040/4147860
bzw. über Geldinstitute (hier: Kreissparkasse München, Schulservice).

Lösung des Arbeitsblattes von Seite 29

Tourismus verbindet die Menschen in Europa

Die Deutschen reisen gerne ins Ausland, besonders nach
1. Spanien
2. Italien
3. Österreich

Auch Deutschland ist ein Reiseland.
Die meisten europäischen Besucher kommen aus
1. Niederlande
2. Großbritannien
3. Schweiz

Tourismus braucht:

Verkehrswege	→ Internationale Flughäfen, gut ausgebautes Straßennetz, Bahnlinien
Unterkünfte	→ Hotels, Ferienwohnungen, Campingplätze
Information	→ Fremdenverkehrsämter, Reisebüros
Organisation	→ Reiseveranstalter

Innerhalb der Europäischen Union wird das Reisen erleichtert: _Seit 1993 keine Grenzkontrollen mehr / ab 1999 einheitliche Währung_

Tourismus bringt Vorteile für alle ... aber auch Probleme

Urlauber		Gastland	
Erholung	internationale	Einnahmen	Verkehrsstaus
Erlebnisse	Begegnungen	Arbeitsplätze	Umweltverschmutzung
Bildung	Abbau von	Freizeit-	
	Vorurteilen	einrichtungen	„Bausünden"

Europäische Urlaubsgebiete, Sehenswürdigkeiten, Spezialitäten und Währungen
Ordne den Begriffen die Autokennzeichen der Länder zu:

Kärnten	A	Akropolis	GR	Paella	E	Escudos	P
Algarve	P	Schloss Sanssouci	D	Parmaschinken	I	Drachmen	GR
Costa Brava	E	Disneyland (Euro-Disney)	F	Bouillabaisse	F	Gulden	NL
Toskana	I	Schloss Schönbrunn	A	Pizza	I	Peseten	E
Bretagne	F	Grachten	NL	Gyros	GR	Pfund	GB / IRL

Name: _____ Datum: _____ Arbeitsblatt **12 a**

Tourismus verbindet die Menschen in Europa

Die Deutschen reisen gerne ins Ausland,
besonders nach

1. _____
2. _____
3. _____

Auch Deutschland ist ein Reiseland.
Die meisten europäischen Besucher kommen aus

1. _____
2. _____
3. _____

Tourismus braucht:

→ _____
→ _____
→ _____
→ _____

Innerhalb der Europäischen Union wird das Reisen erleichtert: _____

Tourismus bringt Vorteile für alle   ... aber auch Probleme

Urlauber   **Gastland**

_____   _____   _____
_____   _____   _____
_____   _____   _____

Europäische Urlaubsgebiete, Sehenswürdigkeiten, Spezialitäten und Währungen
Ordne den Begriffen die Autokennzeichen der Länder zu:

Kärnten ◯	Akropolis ◯	Paella ◯	Escudos ◯
Algarve ◯	Schloss Sanssouci ◯	Parmaschinken ◯	Drachmen ◯
Costa Brava ◯	Disneyland (Euro-Disney) ◯	Bouillabaisse ◯	Gulden ◯
Toskana ◯	Schloss Schönbrunn ◯	Pizza ◯	Peseten ◯
Bretagne ◯	Grachten ◯	Gyros ◯	Pfund ◯

Name:	Datum:	Arbeitsblatt 12 b

Manchmal bleiben Chancen ungenutzt

Herr B. erzählt seinen Freunden vom Urlaub in Spanien: „Es war ein fast perfekter Urlaub! Hotel und Strand fest in deutscher Hand, Bratwurst und Kraut wie daheim, und abends haben wir denen gezeigt, wie man bei uns feiert. Eine Frechheit war nur, dass manche Kellner nicht mal richtig Deutsch konnten."
Beurteile den „fast perfekten Urlaub"!

Zum Reisen gehört auch Verantwortung

1. Wie verstehst du den Satz: „Jeder Auslandsreisende ist ein Botschafter seines Landes."

2. Was stellst du dir unter „sanftem Tourismus" vor?

Urlaubsreisen '95: Ziele

	1995 %	1995 Mio.	1994 %
Reiseziel			
Deutschland	34,1	22,0	34,9
Ausland	65,9	42,5	65,1
Spanien	12,6	8,1	12,0
Italien	8,3	5,4	9,0
Österreich	7,3	4,7	7,5
Frankreich	4,3	2,8	4,4
Griechenland	3,8	2,5	3,6
Niederlande	2,2	1,4	2,4
Schweiz	2,1	1,4	2,2
Osteuropa	5,3	3,4	4,9
Außereurop. Länder	11,4	7,4	10,7

Quelle: RA 96 FUR/Hamburg

Zahl der Übernachtungen in der Bundesrepublik Deutschland für das Jahr 1995

Herkunftsland	Übernachtungen	Anteil %
Ausland insgesamt	32.026.342	
Niederlande	5.055.629	15,8
USA	3.186.396	9,9
Großbritannien und Nordirland	2.952.366	8,2
Schweiz	1.664.793	5,2
Italien	1.656.395	5,2
Frankreich	1.557.746	4,9
Belgien	1.346.954	4,2
Japan	1.306.499	4,1
Österreich	1.286.725	4,0
Dänemark	1.063.438	3,3
Schweden	953.851	3,0
Polen	927.002	2,9
.	.	.
.	.	.
Europa zusammen	23.443.742	73,2

Diese Zahlen beinhalten lediglich die Übernachtungen in Beherbergungsbetrieben mit mehr als neun Betten einschließlich Jugendherbergen und Kinderheimen, jedoch ohne Campingplätze.

Quelle: Statistisches Bundesamt
ÜBERNACH XLS, Jan.–Dez. 95
DZT-Mafo 19.03.1996

Urlaubsreisen 95: Verkehrsmittel, Organisation, Dauer, Ausgaben

Alle Reisen 95	1995 %	1995 Mio.	1994 %	1993 %
Verkehrsmittel				
PKW/Wohnmobil	52,3	33,7	51,5	54,1
Flugzeug	28,0	18,1	26,5	24,2
Bus	9,8	6,3	10,9	11,2
Bahn	8,0	5,2	8,8	8,5
Organisation				
mit Reisebüro	40,2	25,9	43,3	39,5
ohne Reisebüro	59,8	38,6	56,7	60,5
Reisedauer in Tagen		14,1	14,0	14,4
Reiseausgaben Gesamtausgaben pro Person pro Urlaubsreise (Mittelwert in DM)		1.410		
Urlaubsreisen insgesamt (Mio.)		64,5	67,2	63,4

Quelle: RA 96

Luft – ein besonders wichtiges Gasgemisch

Lernziele: Zusammensetzung der Luft.
Chemische Symbole für die wichtigsten Bestandteile.
Nachweismethoden für Sauerstoff und Kohlenstoffdioxid.
Materialien: Kerze, Becherglas, Glasplatte, Phosphorlöffel als Kerzenhalter, Glimmspan, Sauerstoff und Kohlenstoffdioxid (z. B. Minican), Kalkwasser (aus Kalziumhydroxid) oder Mineralwasser, Glaswanne, Wickelrohr, Arbeitsblatt 13.
Lernsequenz: Bedeutung der Luft für Mensch und Natur, Luft als gasförmiges Gemisch.
Ohne Kohlenstoffdioxid kein Sauerstoff! (Photosynthese).

Unterrichtsgestaltung:

Problemstellung:

Versuch 1:
Glasbecher - über brennende Kerze stülpen
(Lehrerversuch als Impuls)
Vermutungen zum Erlöschen der Flammen.

Problemlösung:

1. Teilziel:
– Luft besteht hauptsächlich aus zwei verschiedenen Gasen
  • Kerze brennt, solange Sauerstoff vorhanden
  • Versuch 2 (Schülerversuch): Becherglas über Kerze auf Glasplatte stülpen - Kerze erlöschen lassen - Glas umdrehen - öffnen - andere, brennende Kerze hineintauchen - Kerze erlischt
  Ursache: Stickstoff „erlischt" eine Flamme
– Zusammenfassung: Sauerstoff ermöglicht erst eine Verbrennung
  Stickstoff erstickt eine Flamme (Name!)

2. Teilziel:
– Exakte Zusammensetzung der Luft
  • Sauerstoff: 21 % / Stickstoff: 78 % / restliche Gase: 1 %
  • chemische Symbole für Sauerstoff, Stickstoff, Kohlenstoffdioxid
  • kurzer Hinweis auf molekulare Struktur der Gase (außer Edelgase), Anschlussthema

3. Teilziel:
– Nachweis von Sauerstoff und Kohlenstoffdioxid
  • Glimmspanprobe (O_2)
  • Trübung von Kalkwasser (CO_2).

Problemanwendung:

Blasebalg beim Grillen / in einer Schmiede, Kohleofen mit Regler für Luftzufuhr, Bunsenbrenner, Petroleumlampe.

Zusammenfassung:
Bedeutung von Luft für Verbrennung, Leben (Atmung), Lebensraum (z. B. Vögel).

weitere mögliche Versuche:

Wasserspiegel steigt   ausgeatmete Luft   Kerze erlischt

Lösung des Arbeitsblattes von Seite 32

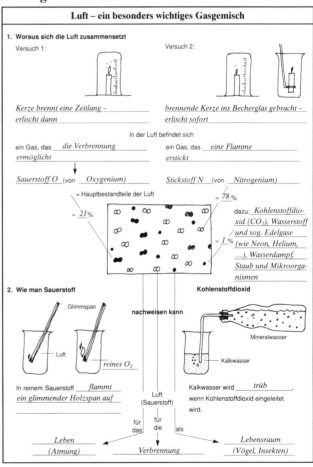

31

Name: _____ Datum: _____ Arbeitsblatt **13**

Luft – ein besonders wichtiges Gasgemisch

1. Woraus sich die Luft zusammensetzt

Versuch 1:

Versuch 2: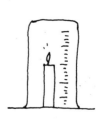

_____   _____
_____   _____

In der Luft befindet sich

ein Gas, das _____   ein Gas, das _____
_____   _____

↓

_____ (von _____)   _____ (von _____)

= Hauptbestandteile der Luft   ≈ ___%

≈ ___%   dazu: _____
                                _____
                                ≈ ___%
                                _____
                                _____

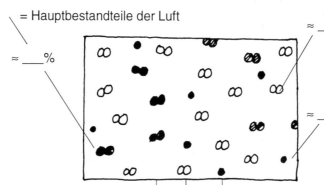

2. Wie man Sauerstoff   **Kohlenstoffdioxid**

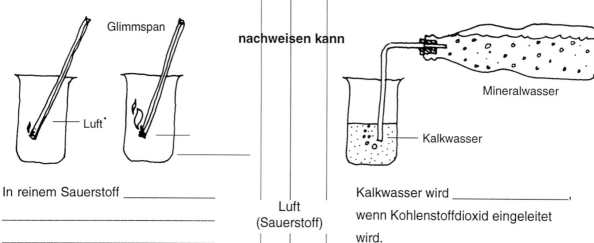

Glimmspan — Luft   Mineralwasser
                                   Kalkwasser

nachweisen kann

In reinem Sauerstoff _____   Kalkwasser wird _____,
_____   wenn Kohlenstoffdioxid eingeleitet
_____   wird.

         Luft
      (Sauerstoff)

   für   für   als
   das   die
    ↓   ↓   ↓
_____   _____   _____

Atmungswege und Atmungsorgane des Menschen

Lernziele: Atmungswege und Atmungsorgane des Menschen kennen lernen, benennen, ihre Funktion verstehen und erklären.

Materialien: Torso, Arbeitsblatt 14.

Lernsequenz: Chemische Zusammensetzung der Luft feststellen, ihre Hauptbestandteile benennen, den Sauerstoff als Verbrennungsfaktor, Kohlenstoffdioxid als Abfallprodukt der Oxidation erkennen – Kohlenstoffdioxid in der ausgeatmeten Luft nachweisen – Atmungswege und Atmungsorgane des Menschen – Krankheiten der Atemwege und der Lunge.

Unterrichtsgestaltung:

Einstieg:

Ein wiederholendes Unterrichtsgespräch sollte das Vorwissen zur Atmung sammeln und verbinden, dann Fragestellung: Was bedeutet die Atmung für die Existenz des Menschen?

Erarbeitung:

1. Teilziel:
Atemwege und Atmungsorgane kennen lernen und benennen (an den Abbildungen und am Torso)

2. Teilziel:
Ihre Funktion verstehen und erklären, mündlich und schriftlich durch zusammenfassenden Lückentext.

Eintrag AB:
Luft Nase
Härchen Staubteilchen
Nasenhöhle Nasenmuscheln
Nasenschleimhaut
Riechzellen
Staubteilchen Wasserdampf
erwärmt Rachenraum
Luftröhre Kehldeckel
Speisen
Brusthöhle Bronchien
Flimmerhärchen
Schleim Lungen
Haarröhrchen
Lungenbläschen
Gasaustausch
Äderchen
Kohlenstoffdioxid abgeben Sauerstoff
aufnehmen Herz
Organen Verbrennung
Sauerstoff Kohlenstoffdioxid

Atmungswege und Atmungsorgane

Atmungsorgane und Blutkreislauf des menschlichen Körpers

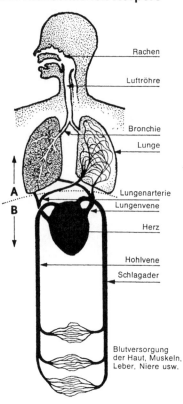

Nasen-Rachenraum bei Nasenatmung

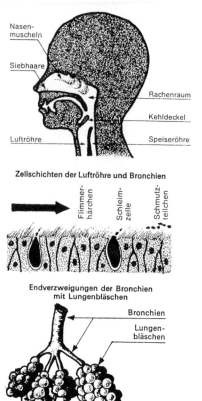

In der Regel atmen wir die _____ durch die _____ ein.
Feine _____ fangen grobe _____ auf, ehe der Luftstrom die _____ erreicht. Ihre Oberfläche wird durch drei _____ vergrößert, die von der feuchten _____ ausgekleidet sind. Sie enthält _____, die uns schädliche Luftbeimengungen anzeigen. Sie bindet außerdem feine _____ und gibt _____ an die Luft ab. Dabei wird diese _____, ehe sie in den _____ und schließlich in die _____ gelangt. Der Eingang ist durch den _____ verschlossen, der das Eindringen von _____ verhindert. Die Luftröhre führt in die _____ und teilt sich hier in zwei _____.
Feinste Staubteilchen werden durch die _____ eingefangen und mit dem _____ ausgeschieden. Die Luft erreicht nun beide _____.
Hier teilen sich die Bronchien immer weiter bis zu den _____ Sie enden in den traubenförmig angeordneten _____.
In ihnen findet der _____ statt.
Die Lungenbläschen sind von einem Netz feinster _____ umsponnen, die _____ aus dem Blut _____ oder _____ in das Blut _____ Das _____ treibt diesen doppelten Blutstrom in den Körper. In den _____ wird bei der _____ der Nährstoffe _____ verbraucht. _____ entsteht als Abfallprodukt.

Die Photosynthese

Lernziele: Die Vorgänge bei der Photosynthese und bei der Verbrennung kennen lernen und die Zusammenhänge zwischen beiden Vorgängen erkennen.
Materialien: Bild (Landschaft, einzelner Baum oder Wald)
Kohlenstoff, verschiedene Kohlenhydrate, Brennstoffe
Kerze, schmales, feuerfestes Gefäß, Streichhölzer, Arbeitsblatt 15.
Lernsequenz: Zusammensetzung der Luft, Atmung des Menschen.

Hinführung:
Achtung Gartenarbeiter! Nur am Morgen gießen!

Problementfaltung:

1. Teilziel: Die Photosynthese
- Bild zeigen (Landschaft, Baum oder Wald) dazu Schüleräußerungen, was zum Wachstum der Pflanzen notwendig ist
- Erwägung, ob die Bäume wohl auch bei Dunkelheit wachsen
- Aus den Schüleräußerungen wird festgehalten, dass zum Wachstum von Pflanzen **Sonne** und **Wasser** notwendig sind.
- Von der Lehrkraft wird festgestellt, dass auch die Luft für das Wachstum der Pflanzen nötig ist. (Langzeitversuch: Wasserpflanze in Vakuum)
- Was beim Wachstum entsteht: Holz, Stroh, Gras ...
- In jedem grünen Blatt ist ein kleines chemisches Labor - das Blattgrün - wo ein chemischer Vorgang abläuft. Dabei spielen eine Rolle:
(Tafelanschrift):
Sonnenenergie
Wasser H_2O
Kohlenstoffdioxid aus der Luft CO_2
Chemische Reaktion:

Kohlenstoffdioxid + Wasser $\xrightarrow{\text{Licht-Energie}}$ Sauerstoff + Kohlenhydrate

$CO_2 + H_2O \xrightarrow{\text{Lichtenergie}} O_2 + $ Kohlenhydrate

- Es erfolgt eine Energieumwandlung:
Aus Lichtenergie wird chemische Energie

2. Teilziel: Brennstoffe
- Schüleräußerungen zu Brennstoffen (Holz, Gras, Torf, Kohle, Erdöl, Erdgas)
- Inkohlungsprozess:
Die Kohle entstand im Laufe von Jahrmillionen aus Urwäldern unter dem großen Druck von Ablagerungen, Sauerstoffabschluss und großer Hitze aus dem Erdinneren.
- Aus Kleinstlebewesen im Meer entstand auf ähnliche Weise das Erdöl und Erdgas.
Tafelanschrift:
In Holz, Kohle, Erdöl und Erdgas ist chemische Energie gespeichert.

3. Teilziel: Bei der Verbrennung entsteht Kohlenstoffdioxid
- Impuls: Ihr habt euch wahrscheinlich gefragt, wie das Kohlenstoffdioxid immer wieder in die Luft kommt.
- Versuche: Die Schülerinnen und Schüler entzünden einen Glimmspan und lassen die Flamme erlöschen. Dann blasen sie auf die Glut. Sie leuchtet auf.
- Die Schülerinnen und Schüler entzünden eine Kerze und stellen ein feuerfestes Glas darüber. Nach kurzer Zeit erlischt die Flamme.
Erklärung: Die Kerze braucht zum Verbrennen Sauerstoff. Sobald der Sauerstoff verbraucht ist, erlischt die Flamme.
Der Sauerstoff der Luft hat sich mit dem Kohlenstoff, der in jedem Brennstoff enthalten ist, verbunden. Diese Verbindung ist das Kohlenstoffdioxid.
Chemische Reaktion:

Kohlenstoff + Sauerstoff $\longrightarrow$ Kohlendioxid + Wärme

$C + O_2 \longrightarrow CO_2$

Tafelanschrift:
Aus chemischer Energie wird Wärmeenergie
Weiterführende Überlegungen:
Was wäre, wenn es die Sonne nicht gäbe ...?
Lösung des Arbeitsblattes von Seite 36

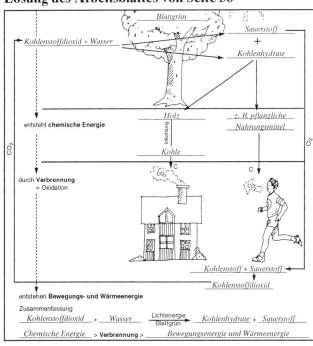

| Name: | Datum: | Arbeitsblatt **15** |

Die Photosynthese

Durch **Photosynthese**

Kohlenstoffdioxid + Wasser

Lichtenergie

entsteht **chemische Energie**

Inkohlung

CO_2 O_2

durch **Verbrennung**
= Oxidation

entstehen **Bewegungs- und Wärmeenergie**

Zusammenfassung

_____ + _____ $\xrightarrow{\text{Lichtenergie} \atop \text{Blattgrün}}$ _____ + _____

_____ > **Verbrennung** > _____

Blut – ein komplizierter Stoff

Lernziele: Die Bestandteile des Blutes kennen lernen, die Bedeutung der Blutbestandteile für das Leben erkennen.

Materialien: Tierblut, Mikroskop, fertige Präparate, rauher Holzstab, Messzylinder, Arbeitsblatt 16, Folie davon.

Lernsequenz: Atmung des Menschen – Blutkreislauf des Menschen – Zusammenwirken von Atmung und Blutkreislauf in einem System.

Stundenverlauf:

Einstieg:

Vergleich: Tropfender Wasserhahn - tropfende Fingerwunde. Auflegen der Folie, nach Schüleräußerungen Zielangabe: Bestandteile des Blutes und ihre Aufgaben.

Erarbeitung:

Versuche zu den einzelnen Teilzielen (Schülergruppen):

Versuch 1: Gießt Tierblut in den Messzylinder. Was stellt ihr fest, nachdem ihr es 24 Stunden stehen lassen habt?

Versuch 2: Rührt Tierblut mit einem rauhen Holzstab. Schaut euch danach den Stab genau an!

Versuch 3: Lasst das Restblut von Versuch 2 einen Tag lang stehen. Was könnt ihr beobachten?

Versuch 4: Untersucht mit dem Mikroskop verschiedene Blutpräparate aus der Lehrmittelsammlung! Beschreibt eure Beobachtungen!

Ergebnisse auf den Notizblock.

1. Teilziel:
Grobeinteilung des Blutes (Blutplasma, Blutzellen, Versuch 1)

2. Teilziel:
Zusammensetzung des Blutplasmas, Blutzellen
Angaben über Aussehen, Aufbau, Anzahl, medizinische Bezeichnungen, Entstehung, Lebensdauer
(Versuch 2, 3, 4)

3. Teilziel:
Aufgaben der einzelnen Bestandteile.

Vertiefung:

Jemand hat zu wenig Blutplättchen!
Warum führt der Arzt oft eine Blutuntersuchung durch?
Was versteht man unter einer Blutbank?

Blutspende kann Leben retten!

Zusammenfassung:

Niederschrift: Die Zusammensetzung des Blutes
oder: Welche Aufgaben haben die einzelnen Bestandteile des Blutes?
oder: Die weißen Blutkörperchen – unsere Schutzpolizei.

Lösung des Arbeitsblattes von Seite 38

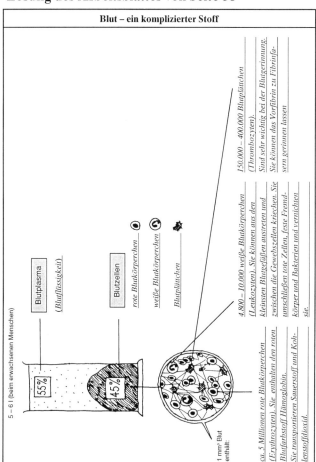

Name: _____ Datum: _____   Arbeitsblatt **16**

Blut – ein komplizierter Stoff

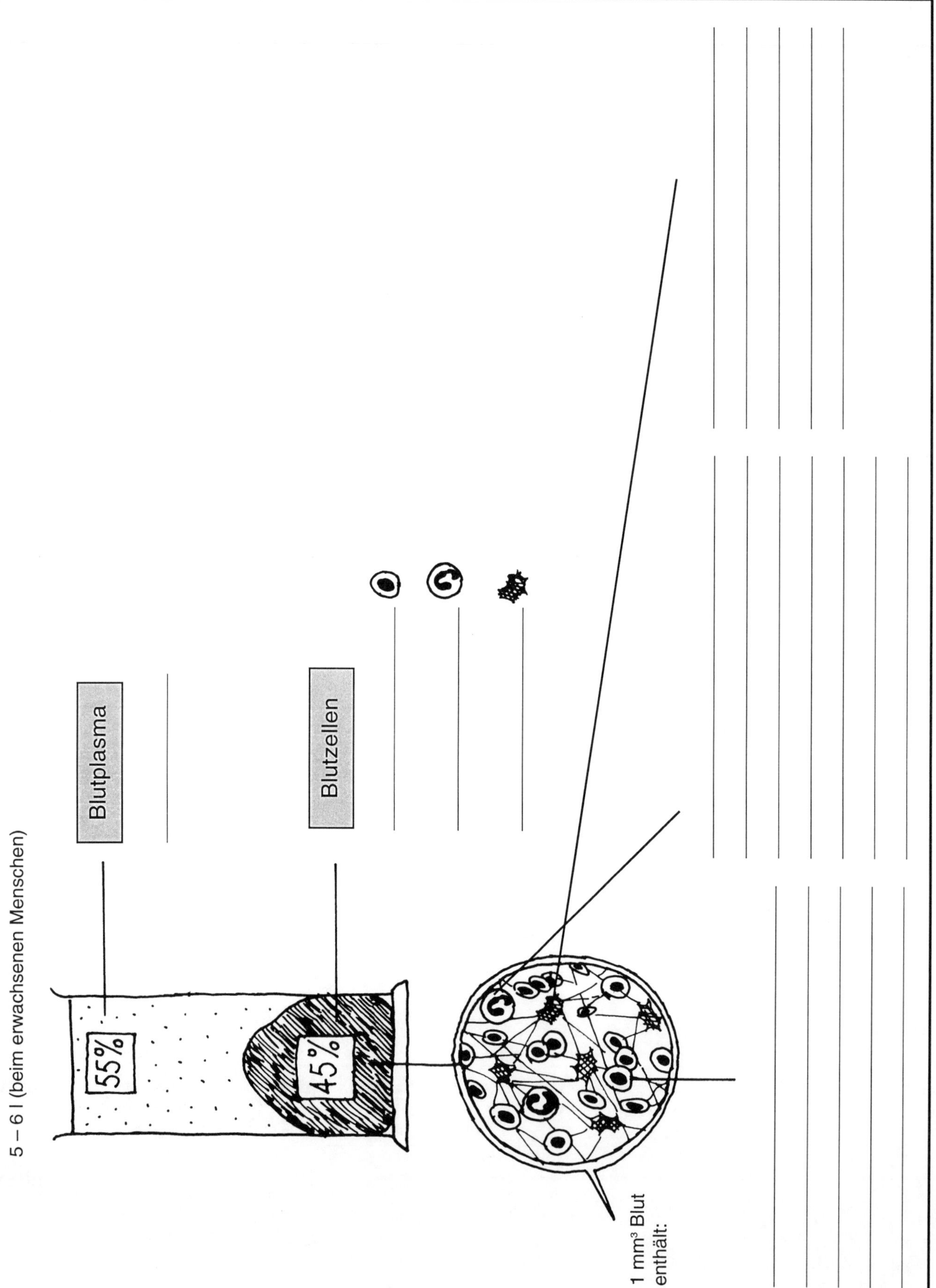

Blutplasma

Blutzellen

5 – 6 l (beim erwachsenen Menschen)

55%

45%

1 mm³ Blut enthält:

Verbrennung

Lernziele: Die Bedeutung des Feuers und die Voraussetzungen für die Verbrennung kennen.
Materialien: verschiedene brennbare und nicht brennbare Stoffe, Kerzen, Glasbecher, an beiden Seiten offener Glaszylinder, zwei Abstandhalter, Feuerzeug, Papier, Reisig, Holzscheite, Bild eines Feuers und vom Feuermachen in der Steinzeit, Arbeitsblätter 19, 20 und 21.
Lernsequenz: Die Bedeutung des Feuers für den Menschen.
Voraussetzungen für die Verbrennung.
Verbrennung ist nicht nur Feuer.
Brandbekämpfung und Brandschutz.

1. Einheit:
Die Bedeutung des Feuers für den Menschen

– Bild eines Feuers
  Freie Schüleräußerungen zur Wirkung des Feuers
– Bild Feuermachen in der Steinzeit
  Nachdem der Mensch gelernt hatte selbst Feuer zu machen, wurde er unabhängig von natürlichem Feuer (Blitzschlag). Das Verlöschen des Feuers war fortan kein Unglück mehr. Mithilfe der Zeichnungen auf dem AB können die unterschiedlichen Einsatzbereiche des Feuers erarbeitet werden. Weitere Beispiele bieten sich an; z. B. Leuchtfeuer als Wegweisung, Rauchzeichen als Kommunikationsmittel und Feuer als Teil des religiösen Zeremoniells.

Eintrag AB 17: *Wärme – Licht – Kochen – Brandrodung – Metallbearbeitung – Desinfektion – Müllverbrennung*

Neue Erfindungen ersetzten das Feuer in einigen Bereichen, z. B. elektrisches Licht und chemische Desinfektion. Eine weitere Erkenntnis besteht darin, dass das Feuer für den Menschen letztendlich nicht völlig beherrschbar ist.

Eintrag AB 17: *Bedrohung von Menschenleben – Zerstörung von Gebäuden – Waldbrand*

Im letzten Teil des AB machen sich die Schülerinnen und Schüler Gedanken zum Missbrauch des Feuers, z. B. Brandanschlag von Mölln, Straßenschlachten mit Molotowcocktails. Ein anderer Aspekt sind klimatische Folgen durch den zu hohen Energieverbrauch, Aufbrauch der natürlichen Ressourcen etc.

2. Einheit:
Voraussetzungen für die Verbrennung

• 1. Brennbare Stoffe
Die Schülerinnen und Schüler versuchen die unterschiedlichen Materialien zu entzünden und teilen nach ihren Ergebnissen die Stoffe in die Tabelle ein.

Eintrag AB 18: *brennbarer Stoff*

• 2. Sauerstoff
In einer Demonstration beobachten die Schülerinnen und Schüler das Verhalten einer Flamme unter Sauerstoffzufuhr. Dabei wird auch die Menge des zur Verfügung stehenden Sauerstoffs angegeben.

Eintrag AB 18: *Flamme erlischt – kein Sauerstoff, kleine Flamme – wenig, große Flamme – viel*
im Kasten: Sauerstoff

Im UG werden Möglichkeiten besprochen, die Sauerstoffzufuhr zu erhöhen und deren Folgen verbalisiert.

Eintrag AB 18: *mehr – schneller – heftiger*

• 3. Erreichen der Entzündungstemperatur
Die Schülerinnen und Schüler erkennen die Ursachen der Entzündung. Lehrerversuch mit Batterie und Eisenwolle.

Eintrag AB 19: *Reibung – Reibung – Strom – Bündelung von Strahlen*

In drei Gruppen versuchen die Schülerinnen und Schüler einen Holzscheit zum Brennen zu bringen. Ausgerüstet mit dem Material laut AB gelingt es nur einer Gruppe. Die Schülerinnen und Schüler erkennen, dass sich die verschiedenen Stoffe bei unterschiedlicher Temperatur entzünden, und dass die Reihenfolge beim Erreichen der Entzündungstemperatur hilft.

Eintrag AB 19: *Feuerzeug – Papier – Reisig – Holzscheit*
im Kasten: Entzündungstemperatur – brennen

Nach Versuchen mit Holz und einer Lehrerdemonstration mit Eisen wird den Schülerinnen und Schülern bewusst, dass die Zerteilung das Erreichen der Entzündungstemperatur erleichtert.

Eintrag AB 19: *feiner – zerteilt – leichter – entzünden*
im Merksatz: Oberfläche – Sauerstoff

| Name: | Datum: | Arbeitsblatt 17 |

Die Bedeutung des Feuers für den Menschen

Das Feuer hatte schon immer einen großen Nutzen für den Menschen. Eine der wichtigsten Entdeckungen der Menschen in der Steinzeit war die Möglichkeit selbst Feuer zu machen.

_____ _____ _____ _____

_____ _____ _____ _____

Neue Erfindungen ersetzten das Feuer in einigen Bereichen. Notiere solche Erfindungen auf einem gesonderten Blatt!

Unkontrolliertes Feuer kann auch zu Katastrophen führen.

_____ _____ _____

Der Mensch missbraucht das Feuer auch:
Schreibe auf, was dir zu diesen Stichwörtern einfällt!

Brandanschläge: _____

_____

Erdölvorräte: _____

_____

| Name: | Datum: | Arbeitsblatt 18 |

Voraussetzungen für die Verbrennung

1. Brennbare Stoffe

Wir untersuchen verschiedene Stoffe und teilen sie ein.

nicht brennbar	brennbar	
	leicht entzündlich	schwer entflammbar

Damit eine Verbrennung stattfinden kann,

muss ein _____ _____ vorhanden sein.

2. Sauerstoff

Beobachte genau und beschreibe die Flamme!

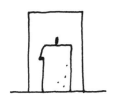  

_____ Sauerstoff   _____ Sauerstoff   _____ Sauerstoff

Zu jeder Verbrennung ist _____ nötig.

Welche Möglichkeiten gibt es, die Sauerstoffzufuhr, die an der Flamme vorbeiströmt, zu erhöhen?

Je _____ Sauerstoff bei der Verbrennung zur Verfügung steht,

desto _____ und _____ geht sie vor sich.

Name: _____ Datum: _____ Arbeitsblatt **19**

Voraussetzungen für die Verbrennung

3. Erreichen der Entzündungstemperatur

Diese Dinge helfen Feuer zu machen

_____   _____   _____   _____

Wer bringt den Holzscheit zum Brennen?

Gruppe 1	**Gruppe 2**	**Gruppe 3**
Feuerzeug, Papier, Holzscheit	Streichholz, Reisig, Holzscheit	Feuerzeug, Papier, Reisig, Holzscheit
ja / nein	ja / nein	ja / nein

Auf die richtige Reihenfolge kommt es an!

_____ → _____ → _____ → _____
　　　　　　　ca. 185°　　　　ca. 280°　　　　ca. 280°

Jeder brennbare Stoff hat seine eigene _____.

Wenn er sie erreicht, beginnt er zu _____.

Wie kann die Entzündungstemperatur leichter erreicht werden?

Holz　　　　　　　　　　　　　　　　　　　　　　　**Eisen**

 Stock　　　Je _____ ein Stoff　　　 Stab

 Reisig　　　_____ wird,　　　 Wolle

 Späne　　　desto _____ lässt er
　　　　　　　　　sich _____.　　　　　　 Späne

---
Je feiner ein Stoff zerteilt ist, desto größer ist bei gleicher Masse seine _____,

desto mehr _____ kann angreifen.

Verbrennung ist nicht nur Feuer

Lernziele: Verbrennung als chemische Reaktion verstehen und Arten der Oxidation unterscheiden.
Materialien: Waage, Eisenwolle, Magnesium, Kupfer, Zink, rostige Nägel, rostige Eisenstücke, Bunsenbrenner, Arbeitsblatt 20.
Lernsequenz: Die Bedeutung des Feuers für den Menschen.
Voraussetzungen für die Verbrennung.
Verbrennung ist nicht nur Feuer.
Brandbekämpfung und Brandschutz.

1. Verbrennung mit Flamme

- Versuch: Waage mit zwei gleichschweren Eisenwolleballen

Begleitet wird der Versuch von detaillierten Beobachtungsaufträgen für die Klasse.
– Wohin bewegt sich die Waage?
– Wie verändert sich das Aussehen der verbrannten Eisenwolle?

Im UG werden die Beobachtungen verglichen und fixiert.

Eintrag AB:
– *Die Waage senkt sich auf der verbrannten Seite*
– *Die verbrannte Eisenwolle ist schwarz*

Die Folgerungen aus den Beobachtungen werden von den Schülerinnen und Schülern selbst gezogen. Dabei muss auch Freiraum für die verschiedensten Theorien bleiben. Im Gegensatz zu den Beobachtungen stehen die Erfahrungen der Schülerinnen und Schüler, dass beim Verbrennen der Brennstoff „verschwindet".

Eintrag AB:
– *Die verbrannte Eisenwolle ist schwerer*
– *Es ist ein neuer Stoff entstanden*

Bei den Vermutungen, woher die Gewichtszunahme kommt, schließen die Schülerinnen und Schüler selbstständig auf den Sauerstoff der Luft. Der Name „Oxid" für die Verbrennungsprodukte wird vorgegeben, ebenso der Begriff „Oxidation".

Eintrag AB:
– *Sauerstoff*
– *neuer*
– *Eisenoxid*
– *Oxidation*

In einem Demonstrationsversuch stellt der Lehrer ein Metalloxid, z. B. aus Magnesium, Kupfer oder Zink, her. Bei Magnesium muss die grelle Flammenbildung beachtet werden! Die anderen Oxide werden der Klasse gemeinsam mit den Metallen zur Verfügung gestellt und von dieser nach Farbe, Glanz und Stromleitfähigkeit untersucht. Als Ergebnis stellen die Schülerinnen und Schüler fest, dass alle Metalloxide den Glanz verloren haben und Strom nicht leiten. Die Farbe hat sich ebenfalls geändert: Kupfer rotbraun – schwarz, Zink silberhell – weiß, Magnesium grauweiß – weiß.

Die chemischen Reaktionen werden in Wortgleichungen angegeben und fixiert.

Eintrag AB:
– *Sauerstoff*
– *Kupferoxid*
– *Eisen*

2. Verbrennung ohne Flamme

Ausgehend vom Eisenoxid werden die Schülerinnen und Schüler mit einer anderen Form des Eisenoxids konfrontiert, dem Rost. Der wichtigste Unterschied: Beim Rost handelt es sich um wasserhaltiges Eisenoxid. Die Schülerinnen und Schüler wissen, wie das Verrosten vor sich geht. Davon ausgehend kann die stille Oxidation erklärt werden.

In Einzelarbeit lesen die Schülerinnen und Schüler den Informationstext und bearbeiten die Fragen.

Eintrag AB:
– *Metalle*
– *Er verläuft langsam und ohne Flamme*
– *lackieren, emaillieren, mit Kunststoff oder nichtrostendem Metall überziehen*

Die Möglichkeiten des Eisenschutzes werden, wenn nötig, erklärt und mit Beispielen aus dem Alltag belegt. Der Rostschutz soll nicht nur als Beitrag zur Erhaltung des jeweiligen Produkts gesehen werden, sondern auch im Sinne der Ressourcenschonung und Energieersparnis, da alles verrostete Eisen „verloren" ist. Etwa ein Drittel der weltweiten Jahresproduktion wird durch Verrosten vernichtet.

| Name: | Datum: | Arbeitsblatt 20 |

Verbrennung ist nicht nur Feuer

1. Verbrennung mit Flamme

Unsere Beobachtung: _____

_____

Unsere Folgerung: _____

_____

Bei der Verbrennung verbindet sich ein Stoff, z. B. Eisen, mit _____.

Durch die Verbindung ist ein _____ Stoff mit neuen Eigenschaften entstanden.

Diesen neuen Stoff nennt man _____.

Den Vorgang, bei dem sich ein Stoff mit Sauerstoff (Oxygenium) verbindet, nennt man _____

Oxidationen kann man in Wortgleichungen angeben:

Magnesium + _____ → Magnesiumoxid

Kupfer + Sauerstoff → _____

_____ + Sauerstoff → Eisenoxid

2. Verbrennung ohne Flamme

Lies dir den Text durch und beantworte die Fragen.

Metalle reagieren oft mit dem Sauerstoff der Luft. Dabei verbinden sie sich mit dem Sauerstoff und bilden an ihrer Oberfläche eine Oxidschicht. Diese Oxidschicht ist so dicht, dass das Metall im Inneren vor einer weiteren Oxidation geschützt wird, weil kein Sauerstoff mehr dorthin gelangt. Dieser Vorgang läuft sehr langsam und ohne Flammenbildung und Wärmeentwicklung ab, deshalb nennt man ihn **langsame** oder **stille Oxidation**.

Eine Ausnahme bildet Eisen, das besonders beim Auftreten von Wasser und Luft eine Verbindung eingeht, die das Eisen zerstören kann. Es entsteht wasserhaltiges Eisenoxid, Rost. Der Rost ist keine Schutzschicht, weshalb das Eisen vor dem Verrosten geschützt werden muss. Dazu gibt es verschiedene Möglichkeiten: lackieren, emaillieren, mit Kunststoff oder einem nicht rostenden Metall überziehen.

1. Welche Stoffe reagieren oft mit dem Sauerstoff der Luft?

_____

2. Warum heißt der Vorgang stille Oxidation?

_____

_____

3. Eisen bildet keine Schutzschicht, was kann zu seinem Schutz getan werden?

_____

_____

Brandbekämpfung und Brandschutz

Lernziel: Kenntnis von Möglichkeiten der Brandbekämpfung und vorbeugender Maßnahmen des Brandschutzes.
Lernsequenz: Die Bedeutung des Feuers für den Menschen.
Voraussetzungen für die Verbrennung.
Verbrennung ist nicht nur Feuer.
Brandbekämpfung und Brandschutz.

1. Brandbekämpfung

- Bild: Feuerwehr im Einsatz

Freie Schüleräußerungen zur Arbeitsweise der Feuerwehr. Dabei wird herausgestellt, dass die Feuerwehr sehr vielfältige Tätigkeiten ausübt, aber die Brandbekämpfung die ursprüngliche und hauptsächliche Aufgabe ist.

Im UG wird den Schülerinnen und Schülern Gelegenheit gegeben, ihr Wissen über mögliche Löschmittel einzubringen. Auf dem AB werden die unterschiedlichen Löschmittel fixiert bzw. ergänzt.

Eintrag AB: *Wasser – Sand – Schaum – Decke*

Wichtig ist es, den Schülerinnen und Schülern zu erklären, u. U. auch zu demonstrieren, dass das Löschen mit Wasser eher zu einer Ausbreitung des Feuers durch Spritzen führen kann. Das Löschen mit einer Decke erfordert Mut, sich dem Feuer auf kurze Distanz zu nähern und kann bei falscher Handhabung zur Förderung des Brandes führen.

Im UG wird herausgearbeitet, dass beim Löschen dem Feuer der Sauerstoff entzogen wird.

Eintrag AB: *Sauerstoff*

Das Vorwissen über die Entstehung eines Brandes (Zufuhr von Sauerstoff, Bereitstellung von Brennmaterial, Erwärmung auf Entzündungstemperatur) wird aktiviert. Daraus ergeben sich zwei weitere Möglichkeiten der Brandbekämpfung.

Bei der Besprechung der Möglichkeiten, einen Brand einzudämmen, sollte besonders auf die Situation der Schülerinnen und Schüler eingegangen werden. Grundsätzlich ist dabei festzuhalten, dass der Selbstschutz vor der Brandbekämpfung kommt, die letztendlich den Fachleuten überlassen werden sollte. Keine Eigeninitiative z. B. beim Feueralarm in der Schule!

Abschließend werden die Entstehungsbedingungen von Feuer und die daraus resultierenden Bekämpfungsmethoden wiederholt und gesichert.

Eintrag AB:
- *Sauerstoff entziehen*
- *Brennmaterial entfernen*
- *Unter Entzündungstemperatur abkühlen*

2. Brandschutz

Es kommt hier besonders auf das Verhalten der Schülerinnen und Schüler in allen Lebensbereichen an. Zum einen geht es um die Kenntnis von Verbots- und Gefahrenzeichen und das entsprechende Verhalten. Hier sollten insbesondere die beiden wichtigsten Zeichen besprochen werden, „leicht entzündlich" und „offenes Feuer verboten". Von der besonderen Vorsicht bei diesen Zeichen kommt man zum überlegten Umgang mit Feuer und gefährlichen Stoffen im Allgemeinen.
Eigenverantwortliches Handeln zeigt sich beim Schutz von Hilfeeinrichtungen, z. B. keine Zerstörung von Telefonzellen und kein Missbrauch von Feuerlöschern. Darüber hinausgehend kann noch die aktive Mitarbeit in der Jugendfeuerwehr angesprochen werden.

Eintrag AB:
- *überlegter Umgang mit Feuer*
- *Schutz der Hilfeeinrichtungen*
- *Aktive Mitarbeit bei der Jugendfeuerwehr*

Ausweitung

Bei diesem Thema ergeben sich vielfältige Möglichkeiten zur Ausweitung. **Kunsterziehung →** Es könnten entsprechende Schilder erstellt werden. **Werken →**, **Physik →** Aufsuchen und Kennzeichnen von Gefahrenstellen
Ein Besuch bei der örtlichen Feuerwehr bietet sich an. Die Ausweitung zu einem Projekttag bzw. einer Projektwoche ist möglich.

Name: _____ Datum: _____ Arbeitsblatt **21**

Brandbekämpfung und Brandschutz

I. Brandbekämpfung

1. Der Brand wird gelöscht

_____ _____ _____ _____

Bei allen diesen Maßnahmen wird dem Feuer der _____ entzogen.

2. Abkühlen des Brennmaterials

3. Ausbreitung verhindern

Alle Maßnahmen sollten gleichzeitig erfolgen. Das Löschen des Brandes hat jedoch Vorrang.

Wenn man die Bedingungen des Feuermachens kennt, kann man daraus auf die Bekämpfungsmethoden schließen.

Entstehung von Feuer	Brandbekämpfung
1. Sauerstoff zuführen ⟷	Sauerstoff _____
2. Brennmaterial bereitstellen ⟷	Brennmaterial _____
3. Auf Entzündungstemperatur erhitzen ⟷	_____ Entzündungstemperatur
	_____

II. Brandschutz

Besondere Vorsicht bei diesen Zeichen!

Das kann jeder zum Brandschutz beitragen!

1. _____
2. _____
3. _____

_____

Erfahrungen mit Elektrizität

Lernziele: „Berührungselektrizität", elektrische Ladung, Elektronen als Träger „negativer" Ladung, elektrischer Strom als Bewegung von Ladungsträgern, Ladungsausgleich.
Materialien: Kunstfaserpullover, Plastiklineal, Papierschnitzel, Plastikkamm, Arbeitsblatt 22.
Lernsequenz: Erfahrungen mit Elektrizität, Spannungsbegriff und Spannungsquellen.

Unterrichtsgestaltung:

Einstieg:

Lehrer zieht sich in abgedunkeltem Raum Polyesterpulli über den Kopf (Knistern, Funken).

Problemannäherung:

Schülerinnen und Schüler berichten über ähnliche Erfahrungen, geriebenes Plastiklineal zieht Papierschnitzel an, Plastikkamm zieht (frisch gewaschene) Haare hoch.

Erarbeitung mithilfe des AB's:

1) Elektrische Ladung durch Reibung – elektrischer Strom als Überspringer von Ladungsträgern – Begriff „Elektron"

2) Ladungsausgleich
3) Erkenntnis, dass ein Körper nur immer gegenüber einem anderen geladen sein kann und dass Elektronenüberschuss gegenüber einem anderen Körper negative Ladung bedeutet (damit Anbahnung des Spannungsbegriffs als „Elektronendruckunterschied").

Anwendung:

Erklären der Beobachtungen an Plastiklineal/Papier und Plastikkamm/Haare. Dabei wird die Anziehung zwischen verschiedenartigen Ladungen als Bestreben nach Ladungsausgleich erklärt.

Lösung des Arbeitsblattes von Seite 48

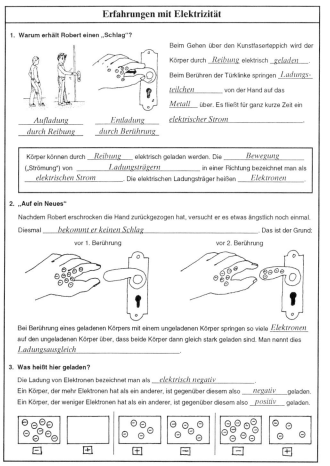

Erfahrungen mit Elektrizität

1. **Warum erhält Robert einen „Schlag"?**

   Beim Gehen über den Kunstfaserteppich wird der Körper durch _____ elektrisch _____.
   Beim Berühren der Türklinke springen _____ _____ von der Hand auf das _____ über. Es fließt für ganz kurze Zeit ein _____,

   _____ _____
   _____ _____

   > Körper können durch _____ elektrisch geladen werden. Die _____ („Strömung") von _____ in einer Richtung bezeichnet man als _____. Die elektrischen Ladungsträger heißen _____.

2. **„Auf ein Neues"**

   Nachdem Robert erschrocken die Hand zurückgezogen hat, versucht er es etwas ängstlich noch einmal.
   Diesmal _____. Das ist der Grund:

   vor 1. Berührung   vor 2. Berührung

   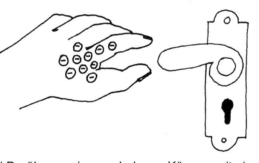 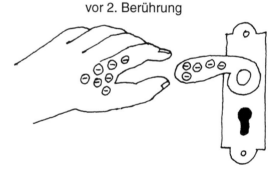

   Bei Berührung eines geladenen Körpers mit einem ungeladenen Körper springen so viele _____ auf den ungeladenen Körper über, dass beide Körper dann gleich stark geladen sind. Man nennt dies _____.

3. **Was heißt hier geladen?**

   Die Ladung von Elektronen bezeichnet man als _____.
   Ein Körper, der mehr Elektronen hat als ein anderer, ist gegenüber diesem also _____ geladen.
   Ein Körper, der weniger Elektronen hat als ein anderer, ist gegenüber diesem also _____ geladen.

   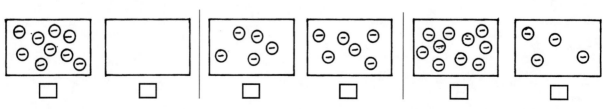

Elektrische Spannung I und II

Lernziele: Spannung als Ladungsunterschied zwischen Plus- und Minuspol am Beispiel eines Zink-Kohle-Elements: Maßeinheit 1 Volt, Aufbau und Spannung verschiedener Spannungsquellen, umweltbewusster Umgang mit Spannungsquellen.

Materialien: Verschiedene batteriebetriebene Geräte, Monozelle, Flachbatterie, E-Block (auch aufgeschnitten bzw. ohne Ummantelung), Knopfzelle, Akkus, Solarzelle, Lämpchen, Elektromotor z. B. mit Propeller als Tischlüfter, Arbeitsblätter 23 und 24.

Lernsequenz: Erfahrungen mit Elektrizität - Spannungsbegriff und Spannungsquellen - Messen von Spannungen.

Unterrichtsgestaltung:

Einstieg:

Vorstellung verschiedener netzunabhängiger Geräte (Walkman, Uhr...), Schülerinnen und Schüler benennen zugehörige Spannungsquellen (Mignonzelle, Knopfzelle ...), Vorzeigen dieser Spannungsquellen.

Erarbeitung:

1a) Aufbau eines Zink-Kohle-Elements (aufgeschnittene Monozelle) und Erklärung der Spannung einer Monozelle mithilfe des Elektronenbegriffs (siehe Arbeitsblatt).

Dazu mögliche Hilfsvorstellung: Michael (Minuspol) hat 10 Erdbeeren (Elektronen), Paul (Pluspol) nur zwei. Paul ist deshalb „sauer" (Wortspiel analog Batterie-Zungentest) auf Michael. Es besteht eine „Spannung" zwischen den beiden. Michael gibt Paul vier Erdbeeren. Jetzt haben beide sechs Erdbeeren und es besteht keine Spannung mehr.

Andere Bautypen: Zinkchlorid als Elektrolyt statt Salmiak (auslaufsicherer), Alkali-Mangan-Zelle

b) Knopfzelle: verschiedene Materialkombinationen bedingen verschiedene Spannungen

c) Batterien als Hintereinanderschaltung von Einzelelementen

2) Akkus: Nickel-Cadmium, Bleiakku (Auto), aufladbar

3) Solarzelle, Solarbatterie (Foto: Solarbatterie auf Hausdach): Umweltfreundlich, Silizium aus Quarzsand (reichlich vorhanden)
Nachteil: gute Lichtverhältnisse nötig

Beispiel: Solarbetriebener Tischlüfter (eventuell selbst bauen: kleiner E-Motor mit Propeller mit 2 Reißnägeln und Einmachgummi auf Holzstab befestigen und auf Sockel leimen)

4) Netzspannung: 230 V (gemäß Norm DIN ICE 38 vom Mai 1987) Lebensgefahr, Experimentierverbot für Schülerinnen und Schüler!
Die praktische Bedeutung der erhöhten Normspannung (früher 220 V) liegt darin, dass bei 10%iger Toleranz der untere Grenzwert nun nicht mehr 198 V sondern 207 V beträgt.

Lösung des Arbeitsblattes von Seite 50

Elektrische Spannung I: Spannungsbegriff, Spannungsquellen

1a) Batterien und was man unter ihrer Spannung versteht

Die Monozelle – (hier als Zink-Kohle-Element)

- Metallkappe
- Kohlestift
- Braunsteinbeutel
- eingedickte Salmiaklösung
- Zinkbecher

andere Größen: *Mignonzelle, Babyzelle, Mikrozelle*

anderes Material: *Zink-Alkali-Mangan*
Vorteil: *längerer Betrieb*
Nachteil: *teurer*

Der Zinkmantel hat einen _Überschuss_ an Elektronen (= _negative Ladungen_).
Er heißt _Minuspol_. Der Kohlestift hat gegenüber dem Zink einen _Mangel_ an Elektronen. Er heißt _Pluspol_.

Den Unterschied zwischen den _vielen_ Elektronen am _Minuspol_ und den _wenigen_ Elektronen am _Pluspol_ bezeichnet man als _Spannung (U)_.
Ihre Maßeinheit ist _1 Volt (1 V)_ – benannt nach dem italienischen Physiker _Alessandro Volta (1745–1827)_

Die Spannung einer Monozelle oder eines anderen Zink-Kohle-Elements beträgt _1,5 V_

Verbindet man die beiden Pole mit einem Draht, so fließen die _Elektronen_ vom _Minus-_ zum _Pluspol_, also dahin, wo ein _Mangel_ herrscht.
Auf ihrem Weg können sie ein _Lämpchen_ zum _Leuchten_ bringen oder einen _Elektromotor_ antreiben.

Wenn der Unterschied an Elektronen _ausgeglichen_ ist, hat die Zelle _keine Spannung_ mehr. Es fließt dann auch _kein elektrischer Strom_ mehr.

Elektrische Spannung ist Voraussetzung für elektrischen Strom.

b) Die Knopfzelle – (hier als Zink-Quecksilberoxid-Knopfzelle)
- Deckel
- Zink
- Separator (Trennschicht)
- Quecksilberoxid
- Becher

Spannung: _1,35 V_
Anwendungen: _Uhren, Taschenrechner, Fahrradcomputer, Spielzeug, Hörgeräte, Fotoapparate_
andere Materialien
Zink-Alkali-Mangan (_1,5_ V)
Zink-Silberoxid (_1,55_ V)
Lithium-Mangandioxid (_3,5_ V)

Name: _____ Datum: _____ Arbeitsblatt **23**

Elektrische Spannung I: Spannungsbegriff, Spannungsquellen

1a) Batterien und was man unter ihrer Spannung versteht

Die Monozelle – (hier als Zink-Kohle-Element)

⊕
_____
_____   andere Größen: anderes Material:
_____   _____   _____
_____   Vorteil:
_____   _____   _____
_____   _____
_____   _____   Nachteil:
⊖   _____

Der Zinkmantel hat einen _____ an Elektronen (= _____)

Er heißt _____ . Der Kohlestift hat gegenüber dem Zink einen _____

an Elektronen. Er heißt _____.

Den Unterschied zwischen den _____ Elektronen am _____

und den _____ Elektronen am _____ bezeichnet man als

_____

Ihre Maßeinheit ist _____ – benannt nach dem italienischen Physiker _____
_____

Die Spannung einer Monozelle oder eines anderen Zink-Kohle-Elements beträgt _____

Verbindet man die beiden Pole mit einem Draht, so fließen die _____

vom _____ zum _____, also dahin, wo ein _____

herrscht.

Auf ihrem Weg können sie ein _____ zum _____

bringen oder einen _____ antreiben.

Wenn der Unterschied an Elektronen _____ ist, hat die Zelle _____

_____ mehr. Es fließt dann auch _____ mehr.

....

b) Die Knopfzelle – (hier als
Zink-Quecksilberoxid-Knopfzelle)

_____   _____   Spannung: _____

                                      Anwendungen: _____
                                      _____

⊖
_____   andere Materialien

⊕   _____(_____V)
_____
                                      _____(_____V)
_____
                                      _____(_____V)

Name: _____ Datum: _____ Arbeitsblatt **24**

Elektrische Spannung II

c) Wenn wir mehr Spannung benötigen

_____ (Zink-Kohle) _____ V

_____ (Zink-Silberoxid) _____ V

_____ (Zink-Kohle) _____ V

Wenn man Einzelzellen _____ (= in Reihe) schaltet, d. h. den _____ der einen mit dem _____ der anderen Zelle verbindet, _____ sich die _____.

Erst wenn Einzelzellen zusammengeschaltet sind, dürfte man von einer _____ sprechen, im alltäglichen Sprachgebrauch bezeichnet man aber auch ein Einzelelement wie Monozelle oder Mignonzelle als Batterie.

Batterien sind **nicht** _____. Sie gehören nach Gebrauch **nicht** in den _____, sondern in eigens dafür vorgesehene Behälter, z. B. bei den _____ _____ oder in _____.

2) Akkus

_____
Mono-, Baby-, Mignon-, Mikrozelle
Spannung: _____ V

_____
(Auto-„Batterie")
Spannung einer Zelle: _____ V
Gesamtspannung: _____ V

_____
Spannung: 7 · _____ V = _____ V

Materialien zur Spannungserzeugung: _____

Akkus sind durch Strom _____ und damit _____ als Batterien.

3) Solarzelle

Solarzellen bestehen meist aus _____. Im Gegensatz zu Batterien und Akkus erzeugen sie Spannung **nicht** durch eine _____ Reaktion, sondern aus _____.

Eine einzelne Solarzelle liefert _____ V. Da meist höhere Spannungen benötigt werden, schaltet man viele Solarzellen zu _____ zusammen.

Anwendungen: _____
_____

4) Steckdose

Unsere Netzspannung beträgt _____ V. Sie ist _____.
_____ mit Netzspannung _____ !

Wirkungen des elektrischen Stromes I + II

Lernziele: Thermische, magnetische, optische und chemische Wirkung des elektrischen Stromes im Experiment erfahren - praktische Nutzung der vier Wirkungen erkennen und an Beispielen erklären können.

Materialien: Netztrafo, Konstantandraht, Papierfähnchen, Kompassnadel, Spule mit Eisenkern, Eisennägel, Glühlämpchen, Phasenprüfer, Leuchtdioden, Kupfersulfatlösung (ca. 100 ml Wasser + 1 TL Kupfersulfat + einige Tropfen Schwefelsäure zur Verbesserung der Leitfähigkeit), Arbeitsblätter 25 und 26.

Lernsequenz: Schaltpläne zur Spannungsmessung - Wirkungen des elektrischen Stromes - elektrische Stromstärke.

Unterrichtsgestaltung:

Einstieg:

Ein Konstantandraht wird zwischen Isolierklemmen an die Spannungsquelle – für die Klasse verdeckt – angeschlossen. Die Schülerinnen und Schüler sollen entscheiden, ob Strom durch den Draht fließt → Nicht möglich, Strom nicht sichtbar.

Problemerkenntnis:

Strom können wir nur an seinen Wirkungen erkennen. Welche sind das?

Erarbeitung:

1. Wärmewirkung: Konstantandraht mit Papierfähnchen, Spannung langsam bis zur Rauch- und Geruchsentwicklung erhöhen. Draht zur Spirale drehen, bei gleicher Spannung brennt Papier. Außerdem: Draht mit Wachs oder Schokolade einreiben und Schmelzen beobachten.

2. Magnetische Wirkung: Stromdurchflossene Spule ohne und mit Eisenkern als Elektromagnet, eventuell Entdecker der Magnetwirkung Hans Christian Oersted (1777 - 1851) erwähnen.

3. Leuchtwirkung:
   a) Draht (aus Versuch zur Wärmewirkung) zum Glühen und schließlich Durchglühen bringen - Glühlampe als Beispiel der Leuchtwirkung infolge der Wärmewirkung.
   Chemie → Was wäre, wenn in der Glühlampe Luft wäre? Glühwendel würde verbrennen, deshalb gefüllt mit Argon oder Krypton.

   b) Kaltes Licht: In Leuchtstoffröhren werden verdünnte (1/50 des Volumens) Edelgase durch elektrischen Strom zum Leuchten gebracht. Je nach Innenbeschichtung der Röhren sind verschiedene Farben möglich. Zum Starten der Leuchtstoffröhre ist eine sehr hohe Spannung (ca. 500 V) erforderlich. Gleiches Prinzip: Phasenprüfer - Leuchtdioden wandeln bei niedriger Spannung Strom in Licht um, auch sie enthalten eine Gasfüllung. LED neuerer Bauart leuchten bereits bei 2 mA so hell wie LED älterer Bauart bei 15 mA. Auch bei kleiner Spannung (1,5 – 4,5 V) Schutzwiderstand vorschalten!

Unsichtbares Licht der Diode in Infrarot-Fernbedienung wird im Sucher einer Videokamera bzw. in Videoaufnahme sichtbar.

4. Chemische Wirkung:
   - Verkupfern eines Kohlestiftes (siehe AB) - Spannung (4 - 8 V) - andere Galvanisierungsbeispiele
   - Elektrolyse von Wasser eventuell mit Hofmannschen Zersetzungsapparat vorführen, Knallgasprobe
   - Laden von Akkus: In einer entladenen Blei-Akku-Zelle haben beide Bleiplatten einen unsichtbaren Oberflächenüberzug aus Bleisulfat (weil Schwefelsäure als Elektrolyt). Durch den Ladestrom entsteht auf der einen Platte ein Bleidioxidüberzug, die andere Platte verliert den Bleisulfatüberzug. Somit sind zwei verschiedene Oberflächen entstanden, zwischen denen jetzt Spannung besteht.

Lösung des Arbeitsblattes von Seite 54

Wirkungen des elektrischen Stromes I

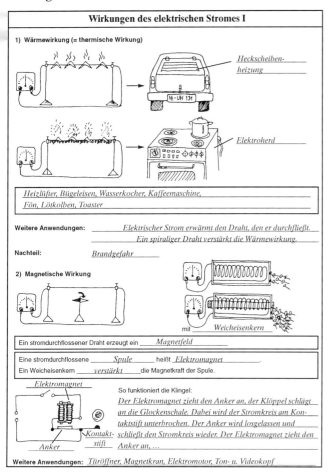

1) **Wärmewirkung (= thermische Wirkung)**

   → Heckscheibenheizung

   → Elektroherd

   Heizlüfter, Bügeleisen, Wasserkocher, Kaffeemaschine, Fön, Lötkolben, Toaster

   Weitere Anwendungen: _Elektrischer Strom erwärmt den Draht, den er durchfließt. Ein spiraliger Draht verstärkt die Wärmewirkung._

   Nachteil: _Brandgefahr_

2) **Magnetische Wirkung**

   mit _Weicheisenkern_

   Ein stromdurchflossener Draht erzeugt ein _Magnetfeld_.
   Eine stromdurchflossene _Spule_ heißt _Elektromagnet_.
   Ein Weicheisenkern _verstärkt_ die Magnetkraft der Spule.

   Elektromagnet — Anker — Kontaktstift

   So funktioniert die Klingel:
   Der Elektromagnet zieht den Anker an, der Klöppel schlägt an die Glockenschale. Dabei wird der Stromkreis am Kontaktstift unterbrochen. Der Anker wird losgelassen und schließt den Stromkreis wieder. Der Elektromagnet zieht den Anker an, …

   Weitere Anwendungen: _Türöffner, Magnetkran, Elektromotor, Ton- u. Videokopf_

Lösung des Arbeitsblattes von Seite 51

Elektrische Spannung II

c) Wenn wir mehr Spannung benötigen

- **Flachbatterie** (Zink-Kohle) _4,5_ V
- **Fotobatterie** (Zink-Silberoxid) _6,2_ V
- **Blockbatterie** (Zink-Kohle) _9_ V

Wenn man Einzelzellen _hintereinander_ (= in Reihe) schaltet, d. h. den _Minuspol_ der einen mit dem _Pluspol_ der anderen Zelle verbindet, _addieren_ sich die _Spannungen_.
Erst wenn Einzelzellen zusammengeschaltet sind, dürfte man von einer _Batterie_ sprechen, im alltäglichen Sprachgebrauch bezeichnet man aber auch ein Einzelelement wie Monozelle oder Mignonzelle als Batterie.
Batterien sind **nicht** _wiederaufladbar_. Sie gehören nach Gebrauch **nicht** in den _Hausmüll_, sondern in eigens dafür vorgesehene Behälter, z. B. bei den _Müllsammelstellen_ oder in _Läden mit Batterieverkauf_.

2) **Akkus**

   Nickel-Cadmium
   Mono-, Baby-, Mignon-, Mikrozelle
   Spannung: _1,2_ V

   Bleiakku
   (Auto-„Batterie")
   Spannung einer Zelle: _2_ V
   Gesamtspannung: _12_ V

   Blockakku
   Spannung: 7 · _1,2_ V = _8,4_ V

   Materialien zur Spannungserzeugung:
   Blei, Bleidioxid, Schwefelsäure

   Akkus sind durch Strom _wiederaufladbar_ und damit _umweltfreundlicher_ als Batterien.

3) **Solarzelle**

   Solarzellen bestehen meist aus _Silicium_. Im Gegensatz zu Batterien und Akkus erzeugen sie Spannung **nicht** durch eine _chemische_ Reaktion, sondern aus _Sonnenlicht_.
   Eine einzelne Solarzelle liefert _0,45_ V. Da meist höhere Spannungen benötigt werden, schaltet man viele Solarzellen zu _Solarbatterien_ zusammen.

   Anwendungen: _Taschenrechner, Armbanduhren, Autobahn-Notrufsäulen, Strom für abgelegene Gebiete oder Camping, Satelliten_

4) **Steckdose**
   Unsere Netzspannung beträgt _230_ V. Sie ist _lebensgefährlich_.
   Nie mit Netzspannung _experimentieren_!

Lösung des Arbeitsblattes von Seite 55

Wirkungen des elektrischen Stromes II

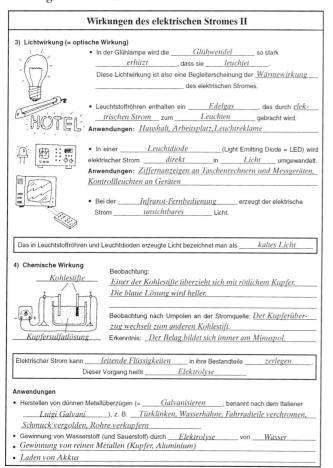

3) **Lichtwirkung (= optische Wirkung)**

   - In der Glühlampe wird die _Glühwendel_ so stark _erhitzt_, dass sie _leuchtet_.
     Diese Lichtwirkung ist also eine Begleiterscheinung der _Wärmewirkung_ des elektrischen Stromes.

   - Leuchtstoffröhren enthalten ein _Edelgas_, das durch _elektrischen Strom_ zum _Leuchten_ gebracht wird.
     Anwendungen: _Haushalt, Arbeitsplatz, Leuchtreklame_

   - In einer _Leuchtdiode_ (Light Emitting Diode = LED) wird elektrischer Strom _direkt_ in _Licht_ umgewandelt.
     Anwendungen: _Ziffernanzeigen an Taschenrechnern und Messgeräten, Kontrollleuchten an Geräten_

   - Bei der _Infrarot-Fernbedienung_ erzeugt der elektrische Strom _unsichtbares_ Licht.

   Das in Leuchtstoffröhren und Leuchtdioden erzeugte Licht bezeichnet man als _kaltes Licht_.

4) **Chemische Wirkung**

   Kohlestifte
   Kupfersulfatlösung

   Beobachtung:
   Einer der Kohlestifte überzieht sich mit rötlichem Kupfer. Die blaue Lösung wird heller.

   Beobachtung nach Umpolen an der Stromquelle: _Der Kupferüberzug wechselt zum anderen Kohlestift._
   Erkenntnis: _Der Belag bildet sich immer am Minuspol._

   Elektrischer Strom kann _leitende Flüssigkeiten_ in ihre Bestandteile _zerlegen_.
   Dieser Vorgang heißt _Elektrolyse_.

   Anwendungen
   - Herstellen von dünnen Metallüberzügen (= _Galvanisieren_, benannt nach dem Italiener _Luigi Galvani_), z. B. _Türklinken, Wasserhähne, Fahrradteile verchromen, Schmuck vergolden, Rohre verkupfern_
   - Gewinnung von Wasserstoff (und Sauerstoff) durch _Elektrolyse_ von _Wasser_
   - _Gewinnung von reinen Metallen (Kupfer, Aluminium)_
   - _Laden von Akkus_

Name: _____ Datum: _____

Arbeitsblatt 25

Wirkungen des elektrischen Stromes I

1) Wärmewirkung (= thermische Wirkung)

_____
_____

_____

_____
_____

Weitere Anwendungen: _____
_____

Nachteil: _____

2) Magnetische Wirkung

mit _____

Ein stromdurchflossener Draht erzeugt ein _____
Eine stromdurchflossene _____ heißt _____.
Ein Weicheisenkern _____ die Magnetkraft der Spule.

_____

So funktioniert die Klingel:
_____
_____
_____
_____

_____   _____

Weitere Anwendungen: _____

Name: _____ Datum: _____ Arbeitsblatt **26**

Wirkungen des elektrischen Stromes II

3) Lichtwirkung (= optische Wirkung)

- In der Glühlampe wird die _____ so stark _____, dass sie _____.
  Diese Lichtwirkung ist also eine Begleiterscheinung der _____ _____ des elektrischen Stromes.

- Leuchtstoffröhren enthalten ein _____, das durch _____ zum _____ gebracht wird.
  Anwendungen: _____

- In einer _____ (Light Emitting Diode = LED) wird elektrischer Strom _____ in _____ umgewandelt.
  Anwendungen: _____

- Bei der _____ erzeugt der elektrische Strom _____ Licht.

Das in Leuchtstoffröhren und Leuchtdioden erzeugte Licht bezeichnet man als _____

4) Chemische Wirkung

Beobachtung: _____
_____
_____

Beobachtung nach Umpolen an der Stromquelle: _____
_____

Erkenntnis: _____

Elektrischer Strom kann _____ in ihre Bestandteile _____.
Dieser Vorgang heißt _____

Anwendungen

- Herstellen von dünnen Metallüberzügen (= _____, benannt nach dem Italiener _____), z. B. _____
  _____

- Gewinnung von Wasserstoff (und Sauerstoff) durch _____ von _____
- _____
- _____

Elektrischer Widerstand I

Lernziele: Einführung des Widerstandsbegriffs als Eigenschaft, Erkennen der „je größer - desto kleiner"-Beziehung zwischen Stromstärke und Widerstand.
Materialien: 25 W Lampe, 100 W Lampe, Ampèremeter, eventuell Voltmeter, Arbeitsblatt 27.
Lernsequenz: Kurzschluss und Sicherung - Elektrischer Widerstand I - Elektrischer Widerstand II (Abhängigkeit des Widerstands eines Drahtes von Länge, Querschnitt, Material und Temperatur).

Unterrichtsgestaltung:

Einstieg:

Daniela möchte abends noch Hausaufgaben machen. Beim Einschalten brennt die Schreibtischlampe durch. Sie nimmt als Ersatz die Glühlampe aus ihrer Nachttischleuchte. Mit der „neuen" Lampe ist sie nicht zufrieden.

Problemfrage:

Warum leuchtet die Nachttischlampe schwächer als die Schreibtischlampe?
Zwangsläufig werden die Schülerinnen und Schüler mit den unterschiedlichen „Watt-Zahlen" argumentieren. Da die elektrische Leistung noch nicht behandelt wurde, kann der Lehrer die „Watt-Zahl" als Aussage über die Leuchtkraft gelten lassen und dabei darlegen, dass die unterschiedliche Leuchtkraft nach einer Erklärung verlangt.

Erarbeitung:

1) Versuch:
100-W-Lampe und 25-W-Lampe an Netzspannung mit Voltmeter und Amperemeter. Zur Wiederholung und Festigung des Vorwissens über Spannungs- und Stromstärkemessung „beraten" die Schülerinnen und Schüler den Lehrer beim Versuchsaufbau (Lehrerversuch! 230 V!) und entwerfen den Schaltplan.
– Ergebnis: $I_1 = 0,4$ A, $I_2 = 0,1$ A (siehe AB-Lösung). Die Ursache der unterschiedlichen Stromstärken muss im Draht der Glühlampen liegen. Sie hemmen den Stromfluss unterschiedlich. Diese Eigenschaft, den Strom zu hemmen, heisst Widerstand.
– Je-desto-Formulierungen siehe AB.

2) Anwendung:

Bei den Beispielen auf dem AB sollen die Schülerinnen und Schüler von Stromstärkeangaben bei 230-V-Geräten auf die Größenordnung des Widerstands schließen, wobei es hier nur um das Erkennen des Zusammenhangs und noch nicht um Berechnungen geht.

Weiterarbeit:

Die Schülerinnen und Schüler nennen weitere Beispiele, wie bei gleicher Spannung unterschiedliche Wirkungen bzw. Stromstärken erzielt werden, (z. B. Rücklicht und Bremsleuchte beim Auto). Meist enthalten die Typenschilder von Geräten keine „Ampère"- sondern „Watt"-Angaben. Analog zur Einstiegssituation erkennen die Schülerinnen und Schüler, dass die „Watt-Zahl" indirekt angibt, ob ein größerer oder kleinerer Strom fließt.

Lösung des Arbeitsblattes von Seite 57

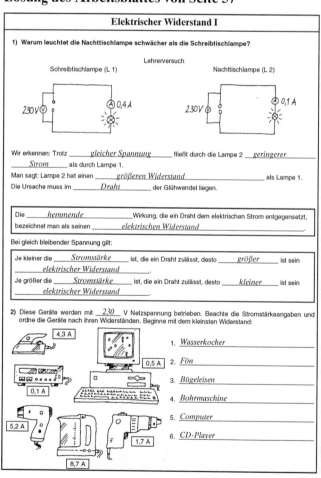

Elektrischer Widerstand I

1) Warum leuchtet die Nachttischlampe schwächer als die Schreibtischlampe?

Lehrerversuch

Schreibtischlampe (L 1)   Nachttischlampe (L 2)

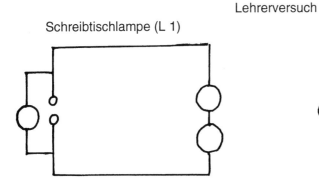
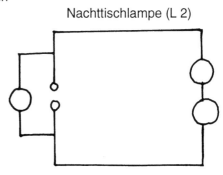

Wir erkennen: Trotz _____ fließt durch die Lampe 2 _____

_____ als durch Lampe 1.

Man sagt: Lampe 2 hat einen _____ als Lampe 1.

Die Ursache muss im _____ der Glühwendel liegen.

Die _____ Wirkung, die ein Draht dem elektrischen Strom entgegensetzt, bezeichnet man als seinen _____.

Bei gleich bleibender Spannung gilt:

Je kleiner die _____ ist, die ein Draht zulässt, desto _____ ist sein _____.
Je größer die _____ ist, die ein Draht zulässt, desto _____ ist sein _____.

2) Diese Geräte werden mit _____ V Netzspannung betrieben. Beachte die Stromstärkeangaben und ordne die Geräte nach ihren Widerständen. Beginne mit dem kleinsten Widerstand:

1. _____
2. _____
3. _____
4. _____
5. _____
6. _____

Elektrischer Widerstand II

Lernziele: Aus Experimenten erkennen, wie der Widerstand eines Drahtes von Länge, Querschnitt, Material und Temperatur abhängt.

Materialien: Drähte aus Eisen, Kupfer und Konstantan (Durchmesser 0,2 mm/Konstantan auch 0,4 mm) in verschiedenen Längen (z. B. 0,5 m und 1 m), Stromversorgungsgerät, A-Meter, V-Meter, Lämpchen z. B. 3,5 V/0,2 A, Bunsenbrenner oder Haarfön, Arbeitsblatt 28.

Lernsequenz: Elektr. Widerstand (Begriff) - Elektr. Widerstand II - Rechnerische Beziehung zwischen Spannung, Stromstärke und Widerstand, Maßeinheit 1 Ohm.

Unterrichtsgestaltung:

Einstieg (falls nicht I und II als Doppelstunde):

Anknüpfen an Vorstunde - Ursache verschiedener Helligkeit (= verschiedener Widerstand) von Lampen bei gleicher Spannung muss im Draht liegen.

Problemfrage:

Wovon hängt der Widerstand eines Drahtes ab?

Erarbeitung:

- Versuchsaufbau und Ergebnisse siehe AB-Lösung
- Hilfsvorstellungen zur Abhängigkeit des Widerstands von Länge und Querschnitt: Wenn im Straßenverkehr drei Spuren auf eine zusammengelegt werden, fließt der „Verkehrsstrom" schwächer. Je länger der verengte Straßenabschnitt ist, desto stärker wird der Verkehr behindert.
- Hilfsvorstellung zur Abhängigkeit vom Material: Auf einer Schotterstraße (≙ Konstantan) fließt der Verkehrsstrom schwächer als auf einer Asphaltstraße (≙ Kupfer)
- Hinweis zur Versuchsdurchführung: Bei den Versuchen zur Abhängigkeit des Widerstandes von Länge und Querschnitt sollte kein Kupferdraht verwendet werden, da sich hier der Widerstandsunterschied nicht sehr deutlich zeigt, gut geeignet ist Konstantan.

Anwendung:

Verständnisfragen, wie z. B. Warum ist der Anschlussdraht bei einer Lampe dünner als bei einer Waschmaschine? Was meint man mit der Redensart: „Eine lange Leitung haben"?

Lösung des Arbeitsblattes von Seite 59

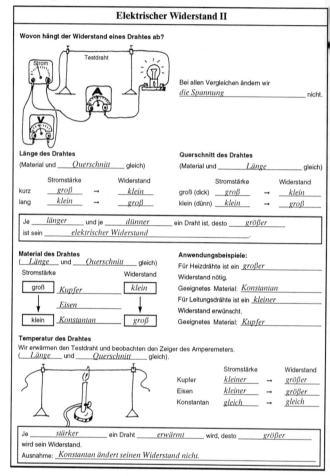

Name: _____ Datum: _____

Arbeitsblatt **28**

Elektrischer Widerstand II

Wovon hängt der Widerstand eines Drahtes ab?

Bei allen Vergleichen ändern wir _____ nicht.

Länge des Drahtes
(Material und _____ gleich)

	Stromstärke		Widerstand
kurz	_____	→	_____
lang	_____	→	_____

Querschnitt des Drahtes
(Material und _____ gleich)

	Stromstärke		Widerstand
groß (dick)	_____	→	_____
klein (dünn)	_____	→	_____

Je _____ und je _____ ein Draht ist, desto _____ ist sein _____.

Material des Drahtes
(_____ und _____ gleich)

Stromstärke		Widerstand
groß	_____	
↓	_____	↓
klein	_____	

Anwendungsbeispiele:

Für Heizdrähte ist ein _____ Widerstand nötig.

Geeignetes Material: _____

Für Leitungsdrähte ist ein _____ Widerstand erwünscht.

Geeignetes Material: _____

Temperatur des Drahtes

Wir erwärmen den Testdraht und beobachten den Zeiger des Amperemeters.
(_____ und _____ gleich).

	Stromstärke		Widerstand
Kupfer	_____	→	_____
Eisen	_____	→	_____
Konstantan	_____	→	_____

Je _____ ein Draht _____ wird, desto _____ wird sein Widerstand.

Ausnahme: _____

Kräfte

Lernziele: Der Kraftbegriff im Alltag und in der Physik – vier Wirkungen von Kräften – Das Gewicht als Beispiel einer Kraft – Messen von Kräften – Maßeinheit 1 N.
Materialien: Bilder, Spielzeugauto, Plastilin, Metallkugel, Magnet, Federwaage(n), Küchenwaage oder Personenwaage, Wägestücke, Stativ, Arbeitsblatt 29.
Lernsequenz: Kräfte – Mechanische Arbeit – Energie.

Unterrichtsgestaltung:

1. Der Kraftbegriff im Alltag – Unterrichtsgespräch, Einsatz des Arbeitsblattes
2. Kräfte in der Physik und ihre Wirkungen:
   - Beschleunigung und Verzögerung – Spielzeugauto
   - Richtungsänderung – Metallkugel und Magnet
   - Verformung – Schaumstoff, Plastilin, Foto von Crashtest
3. Das Gewicht als Zugkraft oder Druckkraft
   Zugkraft: Wägestücke oder anderer Gegenstand an Federwaage (Überdehnung vermeiden)
   Druckkraft: Statt Federwaage elektrische Küchenwaage
4. Kraftmessung: 100 g und andere Massen an Federwaage - Definition 1 N - Erkennen von 1 N als kleine Kraft - Lebensdaten Isaac Newtons
5. Weiterarbeit: Lesetext (z. B. Lexikon) über Isaac Newton.

Lösung des Arbeitsblattes von Seite 61

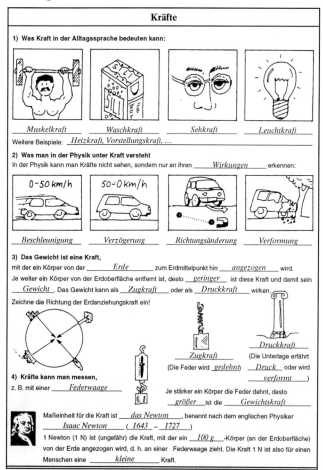

| Name: | Datum: | Arbeitsblatt 29 |

Kräfte

1) Was Kraft in der Alltagssprache bedeuten kann:

_____ _____ _____ _____

Weitere Beispiele: _____

2) Was man in der Physik unter Kraft versteht

In der Physik kann man Kräfte nicht sehen, sondern nur an ihren _____ erkennen:

_____ _____ _____ _____

3) Das Gewicht ist eine Kraft,

mit der ein Körper von der _____ zum Erdmittelpunkt hin _____ wird.

Je weiter ein Körper von der Erdoberfläche entfernt ist, desto _____ ist diese Kraft und damit sein _____. Das Gewicht kann als _____ oder als _____ wirken.

Zeichne die Richtung der Erdanziehungskraft ein!

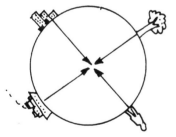

_____
(Die Feder wird _____)

_____
(Die Unterlage erfährt _____ oder wird _____)

4) Kräfte kann man messen,

z. B. mit einer _____

Je stärker ein Körper die Feder dehnt, desto _____ ist die _____

Maßeinheit für die Kraft ist _____, benannt nach dem englischen Physiker _____ (_____ - _____)

1 Newton (1 N) ist (ungefähr) die Kraft, mit der ein _____-Körper (an der Erdoberfläche) von der Erde angezogen wird, d. h. an einer Federwaage zieht. Die Kraft 1 N ist also für einen Menschen eine _____ Kraft.

Mechanische Arbeit I und II

Lernziele: Arbeit im Alltag und in physikalischer Bedeutung – Arten von Arbeit – Arbeit als berechenbares Produkt aus Kraft und Weg – Goldene Regel der Mechanik – Schiefe Ebene als einfache Maschine zur Krafteinsparung.
Materialien: Federwaage(n), Wägestücke, Schiefe Ebene, Versuchswägelchen mit Zughaken oben und vorne, Arbeitsblätter 30 und 31.
Lernsequenz: Kräfte – Mechanische Arbeit – Energie.

Unterrichtsgestaltung:

1. Die Schülerinnen und Schüler lernen an Beispielen aus ihrem Erfahrungsbereich, dass nicht jede Arbeit im alltäglichen Sinn auch Arbeit im physikalischen Sinne ist und umgekehrt.
2. Die Schülerinnen und Schüler benennen verschiedene Alltagstätigkeiten als Arten von Arbeit (eventuell Begriffsauswahl vorgeben)
3. Sie erkennen die Je-desto-Beziehung zwischen Arbeit, Kraft und Weg (Erarbeitung durch Demonstration oder Arbeitsblatt).
4. Quantitative Erfassung des Zusammenhangs W = F · s (Einführung der internationalen Abkürzungen: W = Work, F = Force) und einfache Berechnungen
5. Die Schülerinnen und Schüler erkennen durch logisches Durchdenken des Fallbeispiels die Goldene Regel der Mechanik
6. Demonstration der Kraftersparnis an schiefer Ebene mit Federwaage und Versuchswägelchen, Übertragen der Erkenntnis auf Beispiel im Arbeitsblatt.

Lösung des Arbeitsblattes von Seite 63

Mechanische Arbeit I

1) Was heißt hier „Arbeit"?

Stefan sagt: „Ich habe heute zwanzig Seiten in meinem Englischbuch wiederholt. Das war vielleicht eine Arbeit!" Stefans ältere Schwester, deren Lieblingsfach Physik ist, lacht und meint: „Deine einzige Arbeit war das Umblättern der Seiten."

In der Physik spricht man nur dann von Arbeit, wenn _eine Kraft in Richtung eines Weges wirkt._

In welchem Sinne handelt es sich hier um Arbeit?

Beispiel	Alltagssprache	Physik	Begründung: Kraft	Weg
(Bild)	nein	ja	ja	ja
(Bild)	ja	nein	nein	nein
(Bild)	ja	ja	ja	ja
(Bild)	nein	ja	ja	ja
(Bild)	nein	nein	ja	nein

2) Verschiedene Arten von Arbeit:

Mit dem Fahrrad anfahren: _Beschleunigungsarbeit_
Ein Schnitzel klopfen: _Verformungsarbeit_
Den Autolack polieren: _Reibungsarbeit_
Eine Hantel hochheben: _Hubarbeit_

3) Die Größe der Arbeit hängt von _Kraft_ und _Weg_ ab.
Zum Heben einer Last ist eine _Kraft_ nötig.

einfache Kraft, einfacher Weg
doppelte Kraft, einfacher Weg → doppelte Arbeit
einfache Kraft, doppelter Weg → doppelte Arbeit

Je _größer_ die angewandte _Kraft_ und je _länger_ der zurückgelegte _Weg_ ist, desto größer ist die Arbeit.

Lösung des Arbeitsblattes von Seite 64

Mechanische Arbeit II

4) Die Arbeit kann man berechnen

Um einen ungefähr 100 g schweren Körper hochzuheben ist (auf der Erde) eine Kraft von ungefähr _1 N_ nötig.
Wird der Körper 1 m hoch gehoben, so beträgt die verrichtete Arbeit _1 N · 1 m_ = _1 Nm_ (1 Newtonmeter).

Arbeit =	Kraft	·	Weg
W	=	F	·	s

Kraft (F)	Weg (s)	Arbeit (W)
10 N	4 m	_40 Nm_
25 N	2 m	_50 Nm_
60 N	0,5 m	_30 Nm_
_8 N_	5 m	40 Nm
120 N	_1 m_	120 Nm

5) Kann man Arbeit sparen?

Florian und Tobias sollen jeder 2 Getränkekartons aus dem Keller holen. Florian trägt die Kartons nacheinander, Tobias auf einmal.

Florian spart: _Kraft_   Tobias spart: _Weg_
braucht mehr: _Weg_   braucht mehr: _Kraft_

Goldene Regel der Mechanik

Arbeit kann man nicht einsparen.
Spart man Kraft, _braucht man mehr Weg._
Spart man Weg, _braucht man mehr Kraft._

6) Um auch unteilbare Lasten leichter heben zu können benutzt der Mensch einfache _Maschinen_, wie die hier dargestellte _schiefe Ebene_.

	Fass senkrecht gehoben	Fass über schiefe Ebene gerollt
F	600 N	_150 N_
s	2 m	8 m
W	_1200 Nm_	1200 Nm

Die Goldene Regel der Mechanik gilt auch */gilt-nicht* für die schiefe Ebene.
Mit der schiefen Ebene kann man _Kraft_ sparen, nicht aber _Arbeit_.
Anwendungen: _z. B. Rampe für Rollstühle, Straße auf einen Berg, Treppen, Schraubengewinde_

Name: _____ Datum: _____ Arbeitsblatt **30**

Mechanische Arbeit I

1) Was heißt hier „Arbeit"?

Stefan sagt: „Ich habe heute zwanzig Seiten in meinem Englischbuch wiederholt. Das war vielleicht eine Arbeit!" Stefans ältere Schwester, deren Lieblingsfach Physik ist, lacht und meint: „Deine einzige Arbeit war das Umblättern der Seiten."

> In der Physik spricht man nur dann von Arbeit, wenn _____

In welchem Sinne handelt es sich hier um Arbeit?

Beispiel	Alltags-sprache	Physik	Begründung: Kraft	Weg
(Fußball)	....	....	....	....
(Nachdenken)	....	....	....	....
(Kofferraum)	....	....	....	....
(Auto fährt)	....	....	....	....
(Tasche heben)	....	....	....	....

2) Verschiedene Arten von Arbeit:

Mit dem Fahrrad anfahren: _____

Ein Schnitzel klopfen: _____

Den Autolack polieren: _____

Eine Hantel hochheben: _____

3) Die Größe der Arbeit hängt von _____ und _____ ab.

Zum Heben einer Last ist eine _____ nötig.

- 10 kg, 1 m — einfache Kraft, einfacher Weg
- 10 kg + 10 kg, 1 m — _____ Arbeit
- 10 kg, 2 m — _____ Arbeit

> Je _____ die angewandte _____ und je _____ der zurückgelegte _____ ist, desto größer ist die Arbeit.

| Name: | Datum: | Arbeitsblatt 31 |

Mechanische Arbeit II

4) Die Arbeit kann man berechnen

Um einen ungefähr 100 g schweren Körper hochzuheben ist (auf der Erde) eine Kraft von ungefähr _____ nötig.
Wird der Körper 1 m hoch gehoben, so beträgt die verrichtete Arbeit _____ = _____ (1 Newtonmeter).

$$\text{Arbeit} = \underline{\qquad} \cdot \underline{\qquad}$$
$$W = F \cdot s$$

Kraft (F)	Weg (s)	Arbeit (W)
10 N	4 m	_____
25 N	2 m	_____
60 N	0,5 m	_____
_____	5 m	40 Nm
120 N	_____	120 Nm

5) Kann man Arbeit sparen?

Florian und Tobias sollen jeder 2 Getränkekartons aus dem Keller holen. Florian trägt die Kartons nacheinander, Tobias auf einmal.

Florian

spart: _____

braucht mehr: _____

Tobias

spart: _____

braucht mehr: _____

Goldene Regel der Mechanik
_____
Spart man Kraft, _____
Spart man Weg, _____

6) Um auch unteilbare Lasten leichter heben zu können benutzt der Mensch einfache _____, wie die hier dargestellte _____.

	Fass senkrecht gehoben	Fass über schiefe Ebene gerollt
F	....	....
s	2 m	8 m
W	....	....

Die Goldene Regel der Mechanik gilt auch */gilt nicht* für die schiefe Ebene.

Mit der schiefen Ebene kann man _____ sparen, nicht aber _____.

Anwendungen: _____

_____

* Nichtzutreffendes streichen!